靈鷲山
2015
弘|法|紀|要

Annual Collection of Dharma
Propagation of the Ling Jiou Mountain
Buddhist Society 2015

慈悲與禪

深耕

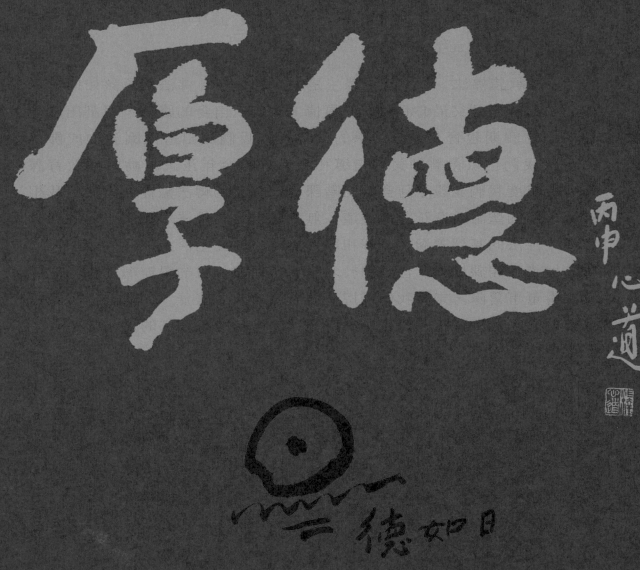

厚德子

丙申 心道

德如日
性光明

CULTIVATING VIRTUE, BRIGHT AS THE SUN, RESPLENDENT BY NATURE.
~MASTER HSIN TAO, 2016

導言

心道法師在二〇一五初始，以「群祥開泰」作為新年心語，而我們也在師父的殷切叮嚀和期盼中，不論是在修行弘法的實踐推動，或是志業開展的耕耘連結，大家都各盡其司、努力不懈，共同譜下屬於二〇一五年的美好記憶。

「傳承諸佛法、利益一切眾」是我們的使命，佛法傳承該如何落實與開展一直是師父最心心念念的事情。師父以自身的踐悟，擘劃出以禪為核心的四期教育為佛法傳承的骨幹，為我們開出這條圓滿的成佛之道，而我們也依循著師父的指導和教誨，在今年正式啟動四期教育課程。今年度我們開設了阿含期初階課程——《初轉法輪經》與《無我相經》，從四聖諦、八正道、中道、無我等重要的佛法思想入手，接引大家進入佛法的甚深義涵並瞭解和體會如何應用在生活上。我們除了在全國各地講堂開課以外，也分別於北京、吉隆坡、紐約舉辦海外營隊，以及榮譽董事營隊，未來我們將持續地開設般若、法華、華嚴課程，讓每個靈鷲人都能沉浸在四期教育的指導下，邁向解脫成佛的道路。

另外，師父也希望弟子都能在法上精進修持，因此，開山三十餘年，今年也首度進行春、冬兩季的閉關安居，讓僧眾弟子在安居期間，全然放下執事工作，回歸禪宗叢林古制，安住於道場靜居禪修。希望讓弟子在兩次四十九天的安居閉關中，放下一切俗務潛心修行；尤其是冬安居時通過研戒、華嚴法會、禪修的階段學習，讓弟子收攝自心、反觀內照，能夠厚植福慧資糧以承擔更大的佛陀家業、續佛慧命。

今年十月中旬，師父受邀參加世界宗教大會（CPWR），這是一個歷史悠久且具有指標意義的宗教會議， 師父作為大會中九位重要講者之一，顯示他長年投身於跨宗教交流對話與推動愛與和平理念的努力，受到國際社會的重視與肯定。就像師父在開幕祈福的祝禱文中呼籲：「從生命的大愛出發，從宗教交流與合作的愛心做起。」有愛為憑，才能使各種族與人我不分彼此，相互聆聽，在同心同理中輝映出共同的美

善。會議期間我們也舉辦了兩場回佛對話座談，並且帶領晨間禪修，使各宗教人士皆能體踐師父禪法的奧妙。

世間原本生滅無常，只是心如何看見。今年，我們最尊敬愛戴的大師兄法性法師於四月十三日示寂，大師兄一生行誼歷歷，以佛心為己心，以師志為己志，奉獻畢生，將自己付託予佛與師父，雖然後期常在病榻，但每每都能發出智慧之語讓人省思，可見修行人心境之清明是超出肉體束縛的。大師兄典範雖遠，但我仍能聽見他那清澈宏亮呼喊我們這些師兄弟的聲音，縈繞良久……。另外，山上的華藏海大殿在年中時遭逢祝融，時值大悲閉關期間，所幸人員一切平安。師父說：「燒了華藏海，這是一個很大的考驗，考驗大家對〈大悲咒〉的信心。」可見大家在大悲閉關期間，都能虔誠地誦持〈大悲咒〉，所以都能與菩薩感應而災劫不侵，現階段大殿已經開始進行修復，在不久的將來將繼續作為我們聽經聞法的神聖場域。

每一次的回顧，都是為了讓我們在現有的基礎上，能夠想得更深、看得更遠、做得更好。企盼我們能將今年所開展和奠定的各項志業不斷地延續下去，在師父的指導下，共同走在成佛的道路上。阿彌陀佛！

釋了意 合十

目錄

6 　導言

8 　目錄

10 　總論

壹月　　25

26・水陸五場先修法會
滌淨一年障礙　迴向水陸圓滿

28・以四期教育持菩薩心、行菩薩道
心道法師於第三場水陸先修法會開示

32・第十五屆青年佛門探索營
在山海中實踐行者修行

33・護法會全國委員聯誼
發菩提心　行菩薩道

34・迎平安　過好年
聖山寺施佛粥慶臘八

35・心寧靜教師團正式成立
共同推動心寧靜教學

貳月　　37

38・心道法師網站與 APP 上線
親近上師、聞法行法的方便法門

39・復興航空空難超薦法會
靈鷲山與眾同發大悲心

40・二〇一四最具影響力中華寺院
靈鷲山「慈悲與禪」理念獲肯定

41・心道法師獲頒國防部獎章
感謝協助緬甸遠征軍入祀忠烈祠

42・群祥開泰迎新春
善緣具足諸事祥

參月　　45

46・陳國寧教授出任宗博館館長
接續宗博理念　搭建國際平臺

47・狄剛總主教與王榮和神父訪山
展現跨宗教交流情誼

48・宗博館新春祈福暨微座談
以真誠的愛締造世界和諧

50・第五屆全國普仁獎頒獎
展現人性原有光明

51・二十一世紀羅勒夫基金會訪宗博
肯定宗博跨越宗教藩籬理念

52・海地共和國參訪團參觀宗博
肯定和諧共存的宗教情懷

53・報四重恩　度六道苦
基隆清明懷恩大法會

54・臺北講堂「美好人生講座」
喜樂豐收　成就美好人生

55・超度先靈　利益眾生
聖山寺春秋祭典

肆月　　57

58・海地與巫毒信仰特展
展示信仰的多元性

60・長老尼法性法師捨報
啟建佛塔感念實踐佛法的行者

61・法門寺博物館館長再訪宗博
盛讚宗博館設計極具妙思

62・紐約「愛與寬恕」創作比賽
用藝術創作展現跨宗教情感

63・為泰籍移工祈福
富貴金佛加持新北市潑水節

64・北京博物館學會參訪宗博館
跳脫宗教框架　關懷生命

伍月　　65

66・儲蓄善業　精進道業
靈鷲山臺北講堂開光灑淨

67・福隆沙雕季沙雕師來山參訪
體驗寧靜與和平的心靈

68・南傳比丘訪靈鷲山
法輪常轉　法緣綿延

69・敬仰心道法師慈悲度眾精神
雲南海外聯誼會來訪

70・海地樞機主教訪宗博館
信仰融合　多元共生

71・大悲閉關 21
以〈大悲咒〉安心　堅固道心

陸月　73

74・認識自己　找回心的家
　　馬來西亞檳城國際禪修中心開光

75・無生道場大殿祝融
　　以平常心應對無常

76・安住身心的清淨空間
　　泰國國際禪修中心開光

77・精進行道　齊心護持建寺
　　開山三十二週年暨大悲閉關圓滿

78・以大悲十心與觀音相應
　　心道法師於大悲灌頂傳法開示

81・線身說法──宗教與線條
　　探看線條構成的奧妙

柒月　83

84・大悲心燈傳香江
　　香港大悲咒共修團成軍

85・全球阿含期初階課程營隊
　　探索心靈　找回自己

86・請益興辦法會與慈善推廣事業
　　廈門佛教文化交流團訪山

87・水陸法會與觀音信仰講座
　　以觀音十心成就遍智佛國境界

88・廈門參訪團來山參訪
　　連結兩岸佛教法統

89・第三屆國際哈佛青年營
　　助青年建立佛法正知見

捌月　91

92・社會教化獎與績優宗教團體獎
　　肯定靈鷲山以宗教安定人心

93・第二十二屆水陸空大法會
　　以大悲十心打水陸

95・水陸法會是三德圓滿的生命教育
　　心道法師於水陸送聖開示

100・榮譽董事「與師有約」
　　持〈大悲咒〉累積成佛資糧

101・推廣美好生命與世界和平
　　靈性大師古儒吉訪心道法師

玖月　103

104・北京龍泉寺世界和平法會
　　以宗教力量促進世界和平

105・宗博館暨新北市分院普度法會
　　以善相聚　以法結緣

106・央金拉姆拜會心道法師
　　從禪修找回真正的自己

107・愛與和平──書藝創作展
　　用藝術推動愛與和平

108・佛教興隆　代代傳承
　　武漢報恩寺萬佛塔開光大典

拾月　109

110・美國愛與和平弘法行
　　撒播和平種子　慈悲轉化世界

112・找回心中的地球家
　　心道法師於第十四場回佛對談演說

115・兩岸佛教慈善公益形象活動
　　分享靈鷲山慈善救援行動

116・尼泊爾醫院院長訪靈鷲山
　　深化兩國重建與醫療合作

117・博物館與文化國際學術研討會
　　強化專業人才交流與發展

118・毗盧觀音灑淨開光聖典
　　普陀連靈鷲　觀音法脈再連結

119・雲臺佛教界座談會
　　三乘法脈多元共存

120・大悲繞湖　愛護家園
　　以共修功德迴向地球平安

121・第一屆國際青年團團員大會
　　傳承法脈　推展善業

拾壹月　123

124・宗博十四週年館慶
　　世界宗教和諧　共創心與世界和平

125・武夷山禪茶文化節
　　心道法師以茶與眾隨機逗教

126・仁認仁波切拜會心道法師
　　為三金佛加持　更添殊勝法緣

127・洛桑龍達金剛上師訪心道法師
　　唐卡講座分享繪畫與修行

拾貳月　129

130・阿曼伊斯蘭教展
　　展現伊斯蘭教寬容、理解與共存

132・緬甸朝聖暨供萬僧法會
　　禮敬佛法僧　累積成佛資糧

133・響應新北市「實物銀行」
　　匯聚善心　心道法師親贈物資

134・南傳短期出家修道會
　　播下覺悟種子　學習戒定慧

136・泰北弘法行
　　飲水思源　造福泰北

年度報導　137

138・春、冬安居閉關
　　回歸空性　悟明本心

139・離相即法，觀照寂靜
　　心道法師於春安居入關開示

142・靈鷲山全山僧眾課程
　　以佛陀教法增長智慧

143・阿含期課程正式啟動
　　從戒定慧找回自己

145・雲水禪修
　　讓心回家

146・弘揚佛法　護持靈鷲山
　　人間觀音願力行持

149・慧命成長學院課程
　　心靈療癒　福慧雙修

150・靈鷲山慈善救援紀實
　　生命服務生命　生命奉獻生命

年表　152

總論

　　二〇一五年轉眼即過，回顧這一年，靈鷲山在佛法的傳承弘揚上，有了更深、更廣的發展。延續二〇一四年的封山安居，今年靈鷲山以四十九日的春、冬安居，讓常住僧眾在關期中，學習生活在覺性中，時刻觀照自心的清淨。醞釀多年的靈鷲山四期教育，也在二〇一五年展開課程，分別在上、下半年開設阿含期的初階課程《初轉法輪經》與《無我相經》。

　　除了課堂上的課程之外，靈鷲山的各項弘法活動也處處展現四期教育的精神，充滿「慈悲與禪」的宗風。每年的大悲咒二十一日閉關已邁入第四年，今年更首度在靈鷲山祖庭寂光寺舉辦第一次的百萬大悲咒共修大會，在繞湖持咒聲中，眾人與觀音菩薩相應，發起甚深菩提心，深願廣度眾生。

　　二〇一五年，全球仍籠罩在戰爭的陰影下，九月時，一張三歲孩童溺斃的照片，揪緊了全球人們的心，眾人除了關注敘利亞難民的問題，更對戰爭造成無辜人民的苦難與傷害感到痛心。心道法師平生的志業，即在思考如何消弭戰爭，促進和平的到來。為此，心道法師奔走於國際，積極推動不同宗教間的對談與交流，希冀宗教間從彼此共通的「愛」出發，消弭不同民族、文明間的戰爭與衝突，共同邁向「愛與和平、地球一家」的世界。

　　十月，第六屆的世界宗教大會（Council for Parliament of the World Religions, CPWR）在美國鹽湖城舉行，心道法師受邀出席並在開幕大會中與各宗教代表許下和平的願望，同時也在大會現場及紐約聯合國總部分別舉辦回佛對談，討論如何療癒戰爭與衝突的傷痕，找回地球的神聖性。心道法師表示，只要大家伸出雙手彼此合作，宗教對世界的和平便具有強大的力量。

　　二〇一五年痛失一位協助心道法師讓靈鷲山從無到有、弘法利生得力助手的「開山大師兄」法性法師，然而靈鷲人慈善與和平的步伐仍持

續不斷，四眾弟子在心道法師的帶領下，不浪費生命、不浪費時間，以正面、積極、樂觀、愛心、願力的生活五德態度，時時刻刻行持菩薩道，以佛法處世，走向成佛之道。

一、教育傳承

　　經歷戰火的心道法師，明白生命的苦痛與無常，而十年的塚間頭陀苦行與斷食閉關覺悟生死，成為修行、弘法道路上的堅實基礎。誓願為傳接繼承佛陀圓滿教育，心道法師以其整體修行及弘法歷程，結合佛陀苦行、弘化的生命足跡與教法，開展為證得圓滿覺悟境界的靈鷲山四期修學體系。二〇一五年，醞釀多年的四期教育，開始於全臺各講堂開設，透過學習四期教育，僧俗四眾弟子便如同讀了三藏十二部經，進入佛智慧，終將成就佛道。

　　另外，心道法師期許佛法能夠傳承給年輕人、種下佛法的善種子，二〇一五年靈鷲山國際青年團不僅在馬來西亞與臺灣各地舉辦哈佛營隊，也於靈鷲山各弘法活動中承擔起重要工作，活動不僅順利、圓滿，更充滿活力與創意。國際青年團也於十月底舉行首屆的團員大會，凝聚團員間的向心力，期許繼承如來事業，共同推廣愛與和平的理念。

（一）四期教育——阿含期

　　二〇一四年靈鷲山啟動封山安居，僧眾除了每日的禪修之外，並針對四期法教及經典內容扎根學習；此外，並禮請緬甸仰光全國上座部國立巴利大學校長鳩摩羅尊者（Ashin Bhaddanta Kumara）及教務主任Ashin Therasabha法師，與三乘佛學院資深客座教授群開設經教課程，依據解經內容展開講義編撰。據此內容，二〇一五年正式在全臺講堂開啟四期教育第一期「阿含期」《初轉法輪經》與《無我相經》課程，讓學員透過四期教育的精心規劃，在成佛路上獲得正知、正念與正行。

　　阿含期課程是學習如何建立起生命的正知、正見，堅定成就佛道的信心，相信、依循佛陀的教法，轉換生命的能量，正確地走在成佛的路上。首先從行為的規範到日常生活中的攝心，逐步建立生命人格，再從攝心到禪定，達到思考與行為的一致性，然後開顯智慧。

　　除了各講堂開設的課程外，靈鷲山另分別於北京、吉隆坡、紐約及苗栗為信眾、榮譽董事舉辦「阿含期初階」營隊，將《初轉法輪經》課程濃縮為三天兩夜營隊的方式，以「四期教育」與「禪」為主軸，將《初轉法輪經》內「四聖諦」、「八正道」、「四果位」等佛陀教法串連起來，讓學員在營隊活動中，達到解行並重、知行合一。

　　心道法師曾說：「學佛就是要把不好的思緒改變，將自己的思緒歸納、釐清，找到生命最有價值的方向去走。」一整年的阿含期課程，學員收穫頗豐，對佛法更加清晰，對學佛更有信心。

（二）國際青年團

　　青年的參與，代表佛法永續傳承的希望。因此，在心道法師期許佛法能夠傳承，並凝聚年輕人學佛的願力，讓青年成為愛與和平種子的號召下，靈鷲山於二〇一三年舉辦第一屆國際青年營，隨之成立靈鷲山國際青年團，以三好五德為核心精神，承繼善法願力，承擔推動和平的使者。

　　每年新春期間舉辦的青年佛門探索營，已連續舉辦十五屆，本屆以「山海行者」為主題，接引想要學習佛法的青年以「行者」的生活更加深入體驗佛門的修行，找到生命的意義。七月，分別於馬來西亞及臺灣舉行第三屆國際哈佛青年營，以團隊生活及各項深入淺出的佛法課程，培養學員積極、正向的生活觀，建立三好五德的人生態度。

　　此外，在靈鷲山第二十二屆水陸空大法會期間，來自全球各地的青年團成員，趁此一殊勝因緣，於法會現場舉辦交流聯誼，彼此分享推廣佛行志業的心得，青年團導師心道法師特別為國際青年團團員開示與解惑，期許青年能夠延伸佛法生命活力的傳承與命脈，持續承擔與推動善業，讓每一個人都能夠找到快樂的成佛之路。

　　而為了加強團員的凝聚力，國際青年團於二〇一五年十月舉辦首屆國際青年團團員大會，凝聚青年的生命能量，承擔傳承佛陀法教、推動愛與和平的使命。

二、禪為道風

心道法師修行以禪為本，自一九八七年無生道場先後舉辦僧、俗二眾精進禪三閉關以來，禪便為靈鷲山教育之核心，接引學人之法門。心道法師說：「心和平，世界就和平」，如何讓心和平？唯有透過禪的修習，才能讓心休歇，不再造作。因此，靈鷲山延續二〇一四年的封山安居，進而以春、冬精進安居閉關方式，讓僧眾在四十九日中，時時覺醒、時時觀照心的本來與自在。另外，靈鷲山在全球各地講堂開設的平安禪課程，除七支坐法、呼吸法以及四步驟平安禪法、行禪等法門外，還融入吃飯禪、平安功法與茶禪等各式體驗，讓大眾學習與身體對話、體會慢活。心道法師認為，禪不是遠避山林的高深修行，可以是生活觸手可及、遇目皆是的「生活禪」，只要掌握要訣，「平安禪」即是現代人安頓身心、和諧世界的法藥。

靈鷲山每月舉辦的雲水禪修，除以往的雲水禪一、禪三、禪七外，今年也配合僧眾四十九日安居，舉辦在家眾的二十一日精進禪關，讓學人得以深入進入禪的世界，聆聽心的聲音、體驗心的寧靜。

而因應資訊爆炸所引起的心靈危機，心道法師將「平安禪法」濃縮為簡易的一分禪，在「深呼吸、合掌、放鬆、寧靜下來、讓心回到原點」的簡單口訣引導下，讓我們隨時隨地能在極短的時間內寧靜自心。為了推動一分禪所成立的「心寧靜教師團」，經由多年的推動，也已在多所校園內深耕與實踐，二〇一五年年初，更將這股力量結合成立「全球心寧靜教師團」，接引更多的教師、有緣人，深入校園，讓孩子從「寧靜的心」出發，讓學習更能專注、更有效率。

（一）春、冬安居

安居是佛制為僧團精進修道的生活功德，靈鷲山二〇一五年首度舉辦春、冬安居精進禪關，讓僧眾整頓身心、深持禪修，於禪關期間止妄息慮，行住坐臥皆安住於覺性中。心道法師祈願每位弟子皆能道心不退轉、證悟成就，因為有道心才會覺醒，反思生命的無常，立定修行的志向。春、冬各四十九日的禪關，僧眾以禪修、誦經的方式精進修持；加

上心道法師心法口訣的教授與引導，讓弟子能趨向覺醒、走向解脫之道。

心道法師開示：「出家人的終極目標，叫做證悟。所謂的證悟，就是『識心達本，解無為法』！觀一切因緣的生滅，我們的心不做取捨，自然安靜。所以平常就要反思覺醒，反思生命的無常、身體的無常，更要趁著身體還沒有陣亡之前，把道業修好，立定修行的志向，立定菩薩道這條航線，這也是身為出家人此生不變的生活原則。」

（二）心寧靜運動與全球心寧靜教師團

因資訊發達使學子沉迷於網路，靈鷲山推動多年的心寧靜運動一直將觸角向下延伸與扎根，希望學子能從小即培養隨時觀照己心的習慣；同時靈鷲山並培育一群優秀教師志工，以靜心觀照的禪修方法，結合有效對話的會談教學法，幫助學童從心寧靜的體驗中找回自己的心。二○一一年開始舉辦「心寧靜‧情緒管理教學教師研習營」，各界教師親身體驗心寧靜課程並運用於教學中；歷經多年的心靈成長與對話淬鍊，寧靜教育至今在全臺已有二十所以上的國中小、幼兒園全面推動心寧靜運動，透過「寧靜一分鐘」在全臺灣校園裡的推廣，讓學生在資訊爆炸的當代，以及沉重的功課中，能夠停下來看見自己、回到自己，提升學習能力。二○一五年一月舉行的全球心寧靜教師團成立大會，代表心寧靜教師團對社會、群眾的慈悲作用，讓心有了轉換的空間、回家的感覺。

心道法師說：「在寧靜當中可以產生謙卑，在寧靜裡面可以看見自己、反省自己，也可以發現其他人的優點。寧靜是一個很大的智慧，寧靜能夠讓我們和諧，寧靜下來，我們就無爭。所以心和平，世界就和平。」從寧靜中產生的愛心，可以讓社會有更多的光明與祥和。

三、慈悲為度眾

觀音菩薩慈悲度眾的精神，一直是靈鷲山四眾弟子踐行菩薩道、弘揚佛法的精神依歸。歷年來，靈鷲山藉由各弘法活動，如水陸空大法

會、大悲咒閉關以及國內外的賑災救援服務，接引大眾接觸佛法、學習佛法。在這樣的活動中，不管是主辦者、志工以及參與者，都以觀音菩薩慈悲度眾的精神奉獻服務，成為靈鷲山四眾弟子踐行菩薩道、弘揚佛法、關懷生命的最佳展現。

（一）第二十二屆水陸空大法會

水陸空大法會為靈鷲山每年最盛大的法會活動，集「消災、超薦、普度、上供、下施」，恪遵古禮、如法適儀，重現一千五百年前的佛國道場，莊嚴殊勝，每年接引新緣無數。為了使水陸法會更加圓滿，每一年靈鷲山在正式啟建水陸法會前，均圓滿五場水陸先修法會，讓功德主在一整年中謙卑禮懺，滌淨一年的障礙，成就福慧善果。此外，全臺講堂也在水陸法會啟建前舉辦各項水陸講座與聯誼，讓水陸功德主與大眾更加瞭解靈鷲山水陸法會的特色。

靈鷲山第二十二屆水陸空大法會八月十九日至二十六日於桃園巨蛋體育館啟建，在八天七夜的法會中，由具德清淨的出家眾帶領，二十四小時不間斷地持誦經咒，供齋施食遍十方。除了內、外壇啟建的多項佛事外，靈鷲山設立的公益牌位，特為復興航空空難、八仙樂園塵爆意外與尼泊爾大地震三起災難立超薦牌位，祈願往生者得生極樂、在生者遠離苦難。水陸期間也特別禮請緬甸仰光全國上座部國立巴利大學校長鳩摩羅尊者為參與信眾正授八關齋戒及主法第三場水陸齋僧法會。享譽全球、同時也是心道法師的老朋友的印度靈性大師古儒吉（Guruji, Sri Sri Ravi Shankar），也前來法會現場拜訪心道法師，並為水陸法會與世界安全和平給予最大的祝福與祈願。

（二）大悲閉關21與第一屆百萬大悲咒共修大會

〈大悲咒〉是觀音菩薩成就的殊勝法門，持誦〈大悲咒〉可得十五種善生，不受十五種惡死以及速證無上正等菩提、所求如願、隨願往生等種種功德利益。〈大悲咒〉也是心道法師的成就心訣，靈鷲山四眾弟子的日常修行功課。靈鷲山為了讓信眾更精進持誦〈大悲咒〉，凝聚佛法不思議力量，於全臺各講堂每月均固定舉辦百萬大悲咒共修活動，並

組成百萬大悲咒共修團隊，凝聚傳承佛法、利益眾生的力量。二〇一三年，海外的印尼雅加達中心也成立百萬大悲咒願力團隊；今年七月，香港也正式成立大悲咒共修團，定期持誦〈大悲咒〉。

連續四年舉辦的「大悲閉關21」，於五月下旬啟動。今年關期中，因華藏海遭祝融之災，移師到金佛園區的金佛殿閉關；雖然事出倉促，但閉關學員仍能一本初心，安住於殊勝咒音中以平常心面對無常，不因外緣波動而心有動搖。閉關圓滿日，恰為靈鷲山開山三十二週年慶，心道法師特別表揚持〈大悲咒〉十萬遍以上的宗風行者，鼓勵他們傳承靈鷲山「慈悲與禪」宗風、力行心道法師與觀音菩薩大悲心相應之宏願，用善的念力改變地球磁場，迴向世界以安世救劫。

今年十月，秉承心道法師悲心大願及觀音法脈傳承，「靈鷲山大悲咒共修團」首度於宜蘭龍潭湖畔舉辦第一屆全臺大會師——「持誦大悲咒祈願地球平安」活動，除了藉由持咒共修的力量護佑地球平安之外，也將持誦五萬多遍〈大悲咒〉的功德迴向龍潭湖，祈願這處靈鷲山祖庭寂光寺所在的聖湖，在大悲咒音的環繞下，為人間永留一大悲水聖湖，讓菩薩的悲心及心道法師的悲願，持續地走在人間。

（三）毗盧觀音灑淨開光

自二〇一一年迎請毗盧觀音安奉靈鷲山起，靈鷲山與普陀山兩岸觀音法脈有了深厚的相連；二〇一三年靈鷲山多羅觀音跨海安座普陀山梵音洞，讓兩岸佛教交流因觀音菩薩的連結更加頻繁與密切。

靈鷲山無生道場華藏海大殿於大悲閉關21期間發生祝融之災，來臺供奉的毗盧觀音火焰化紅蓮，普陀山方丈道慈法師聞訊特地前來關心，並表示將再捐贈一尊毗盧觀音予靈鷲山。心道法師因此於十月前往普陀山，為將迎請來臺的毗盧觀音舉行灑淨開光儀式，開光儀式當天，來自全球的護法居士一同共襄盛舉，護持毗盧觀音。

儀式圓滿後，心道法師為大眾開示，「我們依止觀音菩薩的慈悲與福氣，也學習觀音菩薩生生世世的善緣具足，讓大家能夠走向菩薩道，能夠成佛。」毗盧觀音再次安奉靈鷲山的這份因緣，讓普陀山與靈鷲山

的連結更具歷史意義，也是觀音傳承重要且長久的記憶連結，藉由兩岸佛教的交流，傳承觀音菩薩的慈悲與智慧，讓世人共創更美好的未來。

（四）慈善事業

心道法師曾說：「我們如果做的一切是讓地球安定的，讓萬物平衡和諧的、良性循環的，天災人禍便不會變本加厲；我們如果製造很多破壞地球、傷害地球的事，環境便會很快壞滅。」

「跨界救助模式」的人道救援與關懷為靈鷲山濟世助人的方式，從早年的賀伯颱風、921地震、南亞大海嘯、汶川地震，到海地地震、日本311地震、泰國水患、菲律賓海燕風災、高雄氣爆等，無論國內外，都可見到靈鷲山連結民間NGO組織或宗教團體，共同合作投入大量的志工與物資，幫助不安的災民安定心靈，從「心」出發，安度災難的時代。

今年四月，尼泊爾發生芮氏規模7.8強震，逾五千人遇難，另有近萬人受傷。適逢靈鷲山春安居四十九禪關圓滿日，心道法師特別呼籲全球弟子以持誦〈大悲咒〉安定地球平安。靈鷲山慈善基金會也與NGO組織臺灣健康服務協會合作，組織專業醫療團隊前往尼國進行醫療救護；十一月醫療團隊再次前往尼國進行災民診療服務與醫護經驗交流，並與Joy Foundation Nepal簽訂合作備忘錄。此外，緬甸七月中旬因連日大雨造成四十年來最大的洪災，近百萬民眾受災，靈鷲山位於仰光的大善園寺（原法成就寺）於第一時間即派人前往鄰近的災區勘查；靈鷲山慈善基金會也再次與臺灣健康服務協會合作，組織醫療團前往緬甸提供救護支援。

世間無常、國土危脆，靈鷲山發揮人飢己飢、人溺己溺的慈悲胸懷，有災難的地方就有靈鷲人的愛心。馬來西亞東海岸水災、八仙粉塵爆炸、受蘇迪勒颱風重創的烏來等地，都可見到靈鷲人捐贈物資、關懷災民、舉辦祈福法會撫慰人心的慈悲身影。面對災難來臨，心道法師總是期勉大眾：「既然抵擋不了災難的到來，我們只能勇敢面對災難的發生，唯一的方式就是從心轉化、用善業轉化，讓善業積聚、惡業消弭。」

四、華嚴為和平

「締造華嚴世界」是心道法師的願景，在華嚴世界中，彼此是和平、和諧的共生、共榮。心道法師十多年前以全球化、跨時代、跨宗教、多元和諧的理念創建世界宗教博物館，以尊重、包容與博愛為精神，並以此作為推動宗教和平共存的平臺。透過此一平臺，心道法師希望經由各宗教間的互相瞭解，減少彼此間的衝突；進一步，以生命和平大學作為延伸及播種，接續實現華嚴聖山的目標，進而成就華嚴世界。心道法師曾說：「愛是我們共同的真理，和平是我們永恆的渴望；生命因愛而成立，世界因寬恕而和平。」締造華嚴世界是一條生生世世永不退轉的路，從世界宗教博物館起始凝聚每一個人的心，再藉由生命和平大學的播種延伸到全世界，成就愛與和平地球家的展望。

世界宗教博物館二〇一五年的特展，充滿多元宗教的和諧與共生。年初首先展示「海地與巫毒信仰」特展，之後的「線身說法」特展用線條展示宗教的藝術文化，最後「阿曼伊斯蘭教展」，展現伊斯蘭文化的寬容、理解與共存。此外，心道法師多年從事和平志業也獲得全球宗教界的讚許，受邀擔任於美國鹽湖城舉行的第六屆世界宗教大會開幕儀式貴賓，並列名本屆大會的九位重要講者之一。

佛國緬甸是心道法師的故鄉，擺脫以往封閉的國策，近年逐漸對外開放的緬甸正面臨傳統文化與價值保存課題的考驗，心道法師深深憂慮佛法在傳統與現代拉鋸下面臨消失的危機，發願於緬甸建設「弄曼佛教城」，除了保存佛法之外，也提供成為多元文化交流以及當地經濟、教育的中心；籌備多年的生命和平大學，也將在緬甸弄曼佛教城計畫中跨出具體實踐的重要一步。

（一）世界宗教博物特展與活動

1.世界宗教博物館特展

「愛與和平」是世界宗教博物館追求的目標，也是宗博館舉辦各類特展與活動的精神。在經過故榮譽館長漢寶德教授、前任館長江韶瑩教授的播種後，世界宗教博物館於二〇一五年三月禮請現任中華民國博物

館學會副理事長陳國寧教授擔任館長，接續肩負起擘劃世界宗教博物館願景的重任。

　　二〇一五年世界宗教博物館舉辦多項體現「愛與和平」的特展，包括「神靈之光——海地與巫毒信仰特展」、「線身說法——宗教與線條」及「寬容、理解、共存——阿曼伊斯蘭教展」，透過展示不同民族與宗教的歷史軌跡和文化傳統，以及抽象的線條變化所代表的各種圖騰、符號、文字、畫作等異國文化型態，讓大眾對不同的宗教信仰與文化有更多的認識與學習；而「愛與和平——書藝創作展」則以「愛與和平」為策展因緣，藉由臺灣跨世代的二十二位臺灣書畫名家，為「愛與和平」寫下不同的祝福篇章。

　　心道法師曾說：「通過實體所展現的宗教藝術與文物，可以讓我們瞭解、體會一個信仰的內涵與特色；當我們不僅用眼、用心去和這些文物、藝術產生跨越時空的交流時，更能體會信仰背後所蘊含的神聖意境。」世界宗教博物館展示的宗教藝術與文物，不僅呈現多元共生的華嚴精神與目標，也深化了參觀大眾的哲思與智慧。

2.世界宗教博物館新春祈福會暨「以愛轉化：聖典的教誨」微座談會

　　和平是人類永遠的追尋與盼望，世界宗教博物館每年均舉辦「世界宗教新春祈福會」，邀請各宗教代表參與交流，大眾齊聚一堂共願祝禱，讓心念凝聚在一起，化成光明與溫暖散播到全世界，為地球帶來平安與喜樂。

　　二〇一五年世界宗教新春祈福會除了有傳統的祈福活動之外，也舉辦「以愛轉化：聖典的教誨」微座談會，這是今年十月世界宗教大會的會前會，結合世界宗教博物館的世界宗教新春祈福會，同步宣揚愛與和平的理念，祈願地球每一個角落災禍不存、和諧平安。心道法師於座談中表示：「『愛』是所有宗教共同的本質與訴求，將世界宗教博物館『尊重、包容、博愛』的精神落實到生活中，才能讓世界朝向好的、良善的模式循環下去，也讓所有生命及地球能夠美好的永續發展。」

（二）國際交流

心道法師所提倡的「愛與和平」理念，是由服務與奉獻的利他生命理念，成就善業循環的世界。世界上存在各種不同的宗教信仰，各自具有不同的歷史意義和文化傳統，然而這些信仰背後所傳達的，都是良善、智慧與慈愛的展現，都是讓人們的生活與生命趨向於和諧圓滿。不同信仰間都可以相互認識、學習，因此通過交流對話，轉換宗教間的隔閡和對立，便能讓彼此互相理解、尊重與合作。

1.第六屆世界宗教大會

心道法師自一九九四年起，即開始於世界各地與各宗教交流，用愛、和平與慈悲關懷世界；一九九九年開始，連續受邀參加四屆世界宗教大會，向全世界的宗教領袖推動「尊重、包容、博愛」的理念。二〇一五年的第六屆世界宗教大會，心道法師不僅受邀與其他八位宗教領袖及代表於開幕式上為大會祈福，也於活動期間召開第十四屆回佛對談，以跨宗教的對談，瞭解彼此的理念與想法，在求同存異中尋求多元共生，讓世界永久和平。

開幕翌日清晨，心道法師帶領大眾進行一場晨間禪修，指導如何以禪修應用在日常生活與和平工作上；大會期間的跨宗教對話上，則分享了天主教修士聖方濟、天主教修女德蕾莎、伊斯蘭蘇菲派神秘主義詩人魯米，以及佛教虛雲大師的重要聖哲典範；而面對氣候異常、生態變遷，心道法師也祈禱地球能四季分明、生命和諧、生態平衡、人類生活平安。

第六屆世界宗教大會主席Mr. Mujahid於閉幕式中希望所有與會者能夠做到三件事：過簡單生活減少消費、善用媒體將大會訊息傳遞出去、和自己所屬團體社群一起努力付諸行動。心道法師於閉幕式的最後一場祈福儀式中，呼籲大眾一同用正能量保護地球，因為地球跟人類一樣都是生命體，為了讓它活下去，應該以環保和平造福地球，以宗教讓人心回到良善的循環，以人心改變地球的磁場，讓地球恢復到以往蓬勃的自然生態。

2.第十四屆回佛對談

自二〇〇一年塔利班摧毀巴米揚大佛，以及紐約世貿中心遭受恐怖攻擊後，全球開始思考西方文化和伊斯蘭之間的文明衝突問題。心道法師憂心情況惡化，提出了佛教可作為擔任化解雙方衝突的第三方調解者，回佛對談自此開始，至今已在十二個國家舉辦了十四場對談。二〇一五年第十四場回佛對談於第六屆世界宗教大會期間召開，以「療癒戰爭、仇恨、暴力的傷痕」與「找回地球的神聖性」為主題。心道法師在會中指出，生命是和諧、安定的，因為衝突破壞了原本的和諧，因此「生命、共生、和平」的觀念非常重要；心道法師並以靈鷲山於緬甸的有機農場與孤兒生命和平的教育計畫作為實踐「找回地球神聖性」的重要環保實踐案例。

第六屆世界宗教大會圓滿閉幕後，心道法師應美國聯邦中東和平組織（United States Federation for Middle East Peace, USFMEP）主席Sally kader邀請，前往聯合國總部與出生於印尼、目前在聯合國從事宗教交流的紐約伊斯蘭文化中心伊斯蘭學者Imam Shamsi Ali，進行另外一場回佛對談。心道法師延續世界宗教大會中對療癒戰爭與仇恨的議題進一步提到：「透過宗教對話，認識其他宗教的內涵後，會發現每個宗教的最終目的都是一樣——在屬靈的追求走向真理，在屬世的生活走向愛與奉獻。祈願透過回佛對談，以多元共生為共同的使命願景，讓世界成為一個生命共同體。」Imam Shamsi Ali回應表示：「互相認識是分享與關懷的第一步，沒有任何宗教會教導彼此仇恨，因此只要樂於欣賞他人的文化，就會是一家人。」

正如心道法師所說：「不僅教內要團結，更要讓其他宗教共同和諧相處，未來世界的和平，宗教應擔負起重要的責任。」生活在地球上的每一個人應當一同為療癒戰爭、仇恨和暴力的傷痕而努力，認知彼此為相依相存的生命共同體，找回愛與和平的地球家。

（三）緬甸弄曼佛教城

出生於緬甸的心道法師，因感念佛國緬甸的殊勝因緣，發願藉由慈善的力量，讓發展中的緬甸仍能保有南傳佛教的質樸傳統，不致流失於

現代化的洪流中。自二〇〇二年開始，心道法師每年歲末均帶領四眾弟子前往緬甸朝聖供僧，至今已連續圓滿十四年。

除此之外，以推動和平為終身職志的心道法師，藉由「愛與和平地球家（GFLP）緬甸計畫」，以包括生活、教育、職訓、公眾醫療、社區農場等計畫，結合佛法教育與社會服務，協助當地人民與孤兒脫離貧困循環。二〇一四年，心道法師更進而提出「弄曼佛教城」計畫，以技能培養為目標經營有機修行農場，扶助村民自給自足，進而發展成兼容傳統、經濟、佛教與教育的佛國場域。其中沙彌學院教養計畫，即為「生命和平大學」實踐的第一步，教導學生尊重各種不同的信仰，包容各種不同的族群，培育具世界觀的國際弘法人才，推廣不同宗教之間的對話，成為傳播和平的種子，以弘揚愛與和平地球家的和平理念。

沙彌學院教養計畫第一階段計畫建設容納收養四百五十名貧困的小沙彌，透過巴利大學校長鳩摩羅尊者的建議，以一套巴利大學發展出來有系統的佛法教育基礎課本為根本，加上中文及英文，編寫成為小沙彌的教科書，並培訓緬甸當地受過中等教育的年輕人為種子教師，確立教育的永續發展方向。因此，沙彌學院教養計畫讓沙彌在佛法以及現代技能知識的教養，都能在佛陀慈悲心的教養中，成為未來愛與和平世界的種子與橋樑。

心道法師曾開示：「我們推動的弄曼佛教城計畫，要從文化面著手，發揮天下一家的和平博愛精神。」靈鷲山在緬甸的計畫，除了致力於保存佛國緬甸的佛教文化，避免因西方文化的流入而流失自身的傳統之外，另一方面也是帶給當地人民生命的溫暖、照顧孤兒，以及容納緬甸各民族的文化，讓其認識彼此的文化、生活、信仰，從中產生認同並給予尊重，讓各民族都能夠看到彼此。

五、結語

在現今的資訊社會，人們的內心充滿躁動與徬徨，由於網路的迅速與發達，讓現代人在紛雜的各式資訊訊息中，迷失心的方向，承受巨大的壓力，造成心理的負擔，因此尋求心靈療癒的良藥，便是大眾平靜自

心的方法。二〇一五年，靈鷲山以回歸總本山的封山安居，策勵四眾弟子回歸學佛的初發心，以「修行入世，入世修行」的自覺覺他的菩薩道精神，透過禪修、持咒等修行方式，在末法時代，安度己身且利益他人。

全臺講堂正式開設四期教育的阿含初階課程，在課程中教導四聖諦、八正道的修行法門，學員生起出離心學佛求解脫，大眾精進學習佛法找回初發心。靈鷲山在馬來西亞與泰國的國際禪修中心也正式開光啟用，心道法師期許信眾把禪修中心當成是自己的第二個家，因為靈鷲山每一個弘法據點都具有教化眾生的功能，在這裡學習佛法及交流心靈，就是眾生心靈依止的所在，人們在這裡可以找到自己、找回心的家。除了在全球各據點的學習之外，靈鷲山並運用網路的便利性，以「心道法師網站」及「心道APP」，讓大眾打開3C產品連通網路，隨時學習上師法教。

世界是一個多元共生、相依相存的生命共同體，這種生命和平、地球平安的工作，只要隨時去做，便一定會產生正面的效果。靈鷲山組成的慈善醫療團，前往尼泊爾及緬甸支援，協助災民安定身心及重建家園；靈鷲山也在緬甸推動一個「和諧共生」的「生命和平教育」基地，陸續建設沙彌學院、國際禪修中心、慈善醫療和有機生態農場的「弄曼佛教城」計畫，把「愛與和平，地球一家」的願景，逐步在教育上扎根。

《法華經‧觀世音菩薩普門品》：「應以何身得度者，即現何身而為說法。」觀音菩薩引領著心道法師，開展靈鷲山無緣大慈、同體大悲的願與路；在變化萬千的時代潮流下，心道法師帶領著眾生向內打造愛與和平的基因，向外播撒愛與和平的種子。

壹月
January

水陸五場先修法會
滌淨一年障礙　迴向水陸圓滿

↑透過主法上師的修法與觀想，引度亡者往生極樂淨土。

　　每年水陸空大法會啟建前，靈鷲山均會先行於重陽、新春、清明、母親節及端午節前後舉辦五場先修法會，每場的先修法會藉由功德主誠心共修多部經典，為家人做五次補運，對亡者做五次追思、孝親與報恩；五場先修法會的功德普皆迴向，使每年農曆七月啟建的水陸法會更加圓滿、盡善盡美。

　　二〇一五年年初的第二場先修法會，靈鷲山首度啟建「孔雀明王經暨蒙山施食法會」，《孔雀明王經》可消除災惡鬼毒，以慈悲願力化解一切不潔與災害，是千年來絕傳之密教至尊大法；最後一場先修因逢八仙塵爆意外，靈鷲山也特別於法會圓滿時，將修法功德迴向給所有受難者身心安定、參與救護醫療人員身心安康。

　　第三場先修法會是今年唯一一場由心道法師主法的法會，近千名信眾齊聚無生道場大殿虔誠共修。上半場薈供近尾聲時，大眾一一領受象徵轉換、淨除口業的甘露、甘露丸與薈供品，再透過上師以法器灌頂以淨除意業，同受除障消業、超度眾生的功德。法會圓滿後，心道法師為大眾慈悲開示：「參加水陸法會是非常有意義的事，不但可以利益歷代祖先與冤親債主，也能接引有緣眾生聽經學佛。」心道法師期勉大眾，諸惡莫作、眾善奉行，時刻與眾締結善緣，讓更多的人學習佛陀的善法智慧，因為唯有安心學佛、安心辦道，以因應混亂世俗的萬般變化，方能守得一方自心清淨。

● 水陸先修法會時間表

日期	活動名稱	地點
2014 11/23	大悲觀音祈福暨瑜伽焰口法會	新北市三重綜合體育場
01/11	孔雀明王經暨蒙山施食法會	無生道場
03/01	大悲觀音度亡暨圓滿施食法會	無生道場
05/03	孔雀明王經暨蒙山施食法會	無生道場
07/05	大悲觀音度亡法會	聖山寺

以四期教育持菩薩心、行菩薩道
心道法師於第三場水陸先修法會開示

↑水陸先修法會不但能夠利益歷代祖先與冤親債主，也能夠接引有緣眾生來學佛。

　　靈鷲山水陸法會的特色之一就是五場的先修法會，每年的水陸與先修法會接引了許多有緣善信前來參與，在這裡親近佛法，漸次地學習清淨道與解脫道，學習善業的累積。

　　生命的善業是從每個人的記憶裡學習跟儲存，一點一滴地累積功德與智慧資糧。「諸惡莫作」，是學佛人必然要走的路；「眾善奉行」，是我們的習慣；「自淨其意」，是身口意的淨化，清淨生活的學習；沒有清淨的生活，就會起煩惱、愛計較，不知道其實生活中都是福氣、都是善業。我們在眾生當中所要建立的就是善業，也就是身口意好的儲存。我們每個人的記憶體就像銀

行，儲蓄未來生生世世的生命，好的、壞的，善的、惡的，通通都儲存。我們今生何其幸運出生為人，而且跟佛結了這麼深的善緣，也跟師父連結在一起，不管未來出生在新加坡、馬來西亞、東南亞，甚至於美國，不管在哪裡，我們都會去接引需要連接的人，讓他們成為我們善業的夥伴，成為未來彼此相連結的生命網絡。

我們發願要連接一切眾生都來行菩薩道，都來做成佛的事情，都能夠推動佛法的傳承，讓三寶永續，讓無明的眾生生生世世都有一盞明燈，都有一條跟隨的道路，來成就善業與菩提心。菩提心就是正覺的事業，也是成就佛國淨土的起點與終點。生命中能夠有不退轉的菩提心，要靠教育來延續，做好傳承，佛法才能夠永續。

靈鷲山的四期教育是一套完整的佛法教育，大家好好地學習，一定可以傳承我們的佛法。大家跟了師父這麼多年，如果不傳承下去，來生怎麼辦？四期教育如果跟社會、大眾、全世界環扣、轉動起來，生命就會自動導航，就會自動來學習清淨的佛法，成就佛道。

四期教育是由師父的體會與認知、是以師父的修行與智慧，結合佛陀三藏十二部的教法，成為一個傳承的教育系統。所謂的四期就是「阿含期」、「般若期」、「法華期」、「華嚴期」。第一期的「阿含期」是佛陀最初的教法。師父覺得大家最喜歡的應該就是阿含，因為裡面有很多故事、很多修行的方法，「為什麼要這樣做？為什麼要修行？為什麼要學佛？」「阿含期」講得最清楚。學佛不能只學一下，淺嘗即止，這樣沒有效果。我們學佛，要用這輩子的生命全部投資下去，這樣一定會有收穫，一定穩賺的。「阿含期」就是把佛法的基本概念，落實在我們的生活行為裡。大家不要想說：「我老了，年紀大了，再怎麼學也只是這樣。」不要這樣想！生命是有慣性的，我們學佛要學到成為習慣，學到哪一天不學佛就全身都不對勁、不自在，這裡痠、那裡痛的，如果能這樣，生命就自在了。

第二期是「般若期」，般若是師父的教法核心，師父講的都是般若空性，沒有斷過。般若能讓我們的心得到自在，心不自在的時候，會感到牽掛，煩惱一大堆。學了般若，我們的心就會自由，心自由以後便能夠發菩提心，「願成佛度眾生」。所以，我們學習了阿含的基礎佛法，加上般若無罣無礙的心靈空

間，就會啟發我們的菩提心，願成佛度眾生，自覺覺他，做很多有意義的事情。

第三期是「法華期」，法華是什麼？我們讀了《阿含經》，也讀了大乘佛法，學了以後感覺到應該做點事情，所以應該做什麼事情？就是發菩提心，成就佛道。很多人一輩子讀誦《法華經》，他們死後火化，舌頭不會壞掉，表示《法華經》授記成佛的事情不是假的，發願成佛是真實的。菩薩道是真正的佛法，沒有菩薩道，學佛的意義就不大，只是為自己而已。所以要堅固我們的菩薩道心，要專心持誦〈大悲咒〉，〈大悲咒〉是一種實際的力量，如果能念到連結在觀音菩薩的願力上，就是啟動菩提心的力量，這就是法華。

第四期是「華嚴期」，華嚴是釋迦牟尼佛成佛的果證，《華嚴經》說的都是佛所證得，是華嚴世界，也是當下的淨土。在華嚴世界裡看到的一切都是佛的智慧，六道、十法界，每個地方都是佛智慧的呈現，明白這些法界都是佛的法身。法身是生命共同體，報身是大家的智慧，照亮遍知，化身是一切的顯現，沒有一個地方不是佛世界。沒有學阿含、般若、法華，不知道華嚴就在當下。所以，四期教育讓我們這一生能夠得到佛從阿含到華嚴的證悟果實。

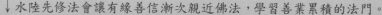

↓水陸先修法會讓有緣善信漸次親近佛法，學習善業累積的法門。

　　這四期教育就是師父要分享給大家的。師父為了感恩大家跟隨這麼多年，所以把我心中的教育，真實地傳授給大家，這是靈鷲山教團給人類世界的禮物。

第十五屆青年佛門探索營
在山海中實踐行者修行

↑體驗式的行者生活，讓學員在修行中探索自我。

二〇一五年靈鷲山第十五屆青年佛門探索營於無生道場展開為期五天的佛門生活課程。今年以「山海行者」為主題，接引青年深入佛門修行，在生活中實踐「行者」的修行，在修行的體會中找到生命的意義。

學員在營隊中過著「寺院修行生活」，作息皆與道場相同，如：出坡、早晚課共修、過堂、佛法課程的學習、聽鐘鼓、安板養息等。此外還進行「心之道」、「佛之道」、「我之道」的主題課程，讓學員更加瞭解心道法師的修行與志業，並從認識釋迦牟尼佛的課程中來學習佛陀利他的心，思惟如何創造自己未來更美好的生命。

法師的一言一行即代表「行者」應有的行儀與風範，「山海行者」藉由各殿堂執事法師及課程的教授師，以自身的修行體悟與日常作務經驗，與營隊學員分享與實際體驗，接引學員日後成為各殿堂的護持志工，乃至於成為佛法傳承的佛子。

護法會全國委員聯誼
發菩提心　行菩薩道

　　為了感謝護法委員的服務與奉獻，靈鷲山護法總會每年均由各區護法會輪流舉辦新春聯誼，二〇一五年由西區護法會於下院聖山寺舉行，聯誼中並頒發「依教奉行獎」及「佛法大使獎」，表揚各區會的楷模。此外，今年特別規劃「齊心大願成」活動，委員於氣球上寫下心願後施放，期許更為精進學習菩薩的大願大行，齊心弘揚佛陀正法。

　　適逢心道法師閉關期間，委員特別登上無生道場十一面觀音處向心道法師頂禮，並聆聽開示。三十多年來，心道法師就如同領航員一般，帶領大眾持續累積行菩薩道的善緣。心道法師說：「大家的時間差不多都給了師父，我們讓很多人能夠離苦得樂，讓他們學到佛法，然後也跟我們一樣快樂、有責任感、能夠付出。這個社會需要一個方向，靈鷲山就是給人方向，把佛的方向帶給大家，所以我們要繼續為三寶做出更好的貢獻跟服務。有我們這個團體真好，有大家真好！」心道法師也殷殷叮囑委員應時時發起菩提心，以無盡的生命來利益眾生、成就佛道、成就善業。

↓心道法師期勉大眾持續發起菩提心來成就三寶，成就眾生成佛。

迎平安 過好年
聖山寺施佛粥慶臘八

　　臘八節前夕，靈鷲山於下院聖山寺舉辦「靈鷲山臘八粥‧送鄉里迎平安」活動，發放臘八粥與地方結緣，與在地居民共享佛粥，祈求福隆一帶平安吉祥。

　　二十五日正午，靈鷲山第十五屆青年佛門探索營的學員與靈鷲山法師、福隆地方人士，以福隆火車站為起點，延伸至東興宮、澳底市區等地，沿途挨戶拜訪、分送粥品，用溫暖的臘八粥與真誠的關心，在歲末寒冬送上至誠祝福。貢寮區福隆里里長吳憲彰先生特別感謝靈鷲山，舉辦這項很有意義的活動，讓附近里民都能夠呷平安、過好年。

　　心道法師曾說：「靈鷲山下院聖山寺是弘法接眾的地方，是大家熱心服務、慈悲喜捨，彼此有一個歡喜心的地方。大家來到這裡，都會覺得很舒服、很快樂，產生想要往清淨地方走的感覺，所以這裡就是淨化我們的地方，讓我們能夠轉識，轉染濁為清淨的地方。」未來，聖山寺將舉辦更多法會與活動，接引十方善信來此聽聞佛法，以法潤心，使靈鷲山聖山寺成為一方學佛的淨土。

↓發放臘八粥與鄉里結緣。

心寧靜教師團正式成立
共同推動心寧靜教學

靈鷲山於下院聖山寺舉行「全球心寧靜教師團」成立大會，各地的心寧靜教師種子們在此相聚，交換推廣心寧靜運動的心得。心寧靜運動的發起人，也是靈鷲山創辦人心道法師為長期努力的教師勉勵開示，肯定心寧靜教師團在校園內推動寧靜運動，不但讓學生從躁動中寧靜下來，找回自己，對於社會也起了慈悲的作用，讓心有回家的感覺。

↑全球心寧靜教師團成立大會，凝聚向心力，激發推廣願力。

生命教育是心道法師長年關心的課題，而禪修是心道法師提出對治現代人忙碌的生活步調，以及浮躁不安心靈的良藥。因此，靈鷲山自二〇一〇年七月，成立「第一期兒童禪修師資培訓班」，招募優秀的教師志工進行師資培訓課程與教案編寫，結合生命教育與禪修，首度在校園中推動寧靜一分禪，希望從小培養對生命的正確認識及寧靜心靈，獲得學校師生的認同與讚賞。二〇一一年三月完成「靈鷲山兒童生命教育心寧靜運動」教材，並於同年七月舉辦「第一期心寧靜情緒管理教學教師研習營」，廣邀教師親自體驗心寧靜課程；「心寧靜運動教材」對兒童教育的重要性更獲得了教師的肯定，這群教師於是發願成立「心寧靜教師團」，在各自的教育工作領域推展心寧靜運動，成為寧靜大使。至二〇一五年年初，為了結合更多有緣人一起努力，讓孩子從「寧靜的心」出發，讓學習更專注、更有效率，正式成立「全球心寧靜教師團」，希望將其推廣至全世界。

心道法師開示：「愛心就是從心寧靜開始推廣，讓大家能夠回到自己、找回自己，讓世界也能更寧靜、更有安全感，所以『心寧靜教師團』就是讓大家過著生命更美好的日子。感恩大家成立『心寧靜教師團』，我們一起把它做得更好，紮實地做好這個使命願景，讓社會更好、孩子更好，也讓每個人都擁有寧靜的美好。」

貳月
February

心道法師網站與APP上線
親近上師、聞法行法的方便法門

　　順應數位化的時代潮流，靈鷲山運用網路的便利性，推出「心道法師網站」與「心道APP」，大眾可透過電腦、智慧型手機、平板等3C產品，隨時掌握心道法師的最新開示及動態。

　　為了讓生活忙碌的現代人暫時停下奔波的腳步，心道法師網站提供了充滿禪味的開示法語，讓大眾寧靜下來，聽聽自己心的聲音，無疑是讓生命充滿能量與喜悅的清涼甘露。心道法師網站與APP包含心道法師生平介紹、最新消息、影音頻道以及互動區等等，內有四期教育、禪修、佛法開示等珍貴法教、影片及心道法師的咒音唱誦；另外，在網站的互動區中，可向心道法師即時請法，讓智慧法語使您心開意解、煩惱頓消。

　　靈鷲山期望透過「心道法師網站」及「心道APP」，讓想要與心道法師親近的大眾，能更加方便接收心道法師慈心悲願的人生智慧，是不論何時何地皆可跟隨心道法師精進的方便工具。

　　更多資訊請瀏覽「心道法師（http://www.hsintao.org）」，或「心道APP」，讓心道法師的法教時時刻刻縈繞在身邊。

←在網站上的「互動區」向心道法師請法，透過雲端科技獲得智慧法語。

復興航空空難超薦法會
靈鷲山與眾同發大悲心

　　一架復興航空從臺北飛往金門的班機，於二月四日起飛後不久墜落於基隆河。靈鷲山呼籲社會大眾發起大悲心一同祈福，讓傷者早日康復、亡者安息、焦急的眷屬心靈得到撫慰。

　　二月九日，中國佛教會、靈鷲山等佛教團體與新北市政府聯合於罹難者頭七法會前一天，於新北市三重區綜合體育館啟建「復興航空GE235空難消災祈福暨超薦大法會」，近二千人齊聚誠心誦經，祝禱傷者早日康復、逝者放下罣礙往生淨土。靈鷲山代表百餘人身著海青，為這次空難傷亡者持誦《金剛般若波羅蜜經》，也為救難英雄們祈禱早日尋獲失蹤者，更願天下無災無難、國運昌隆。

↓大眾一同為國家、傷者、罹難者及救災英雄祈福。

二〇一四最具影響力中華寺院
靈鷲山「慈悲與禪」理念獲肯定

靈鷲山於香港大公報主辦的「同發菩提心，共築中國夢——中國佛教三大語系攜手祈福香港和諧大典暨二〇一四最具影響力中華寺院公薦盛典」活動中，獲「二〇一四最具影響力中華寺院」之「最具發展影響力寺院」殊榮。

此次盛會透過寺院自我展示、大眾票選推薦和各領域專家的討論，讓民眾正確認識中華寺院特色文化，並發揮佛教寺院的正向能量，達到弘揚優秀中華傳統文化、促進社會和諧進步的目的。

三十年來，靈鷲山以「慈悲與禪」為宗風，安處徒眾、攝受十方，延續佛陀正法的傳承，心道法師更以「尊重每一個信仰、包容每一個族群、博愛每一個生命」為理念，長期弘揚「禪修、朝聖、法會、慈善」四大志業。此次獲得「最具發展影響力寺院」殊榮，是多年發展「心和平，世界就和平」理念的最大肯定。

↓靈鷲山獲頒「二〇一四最具影響力中華寺院」殊榮。

心道法師獲頒國防部獎章
感謝協助緬甸遠征軍入祀忠烈祠

↑前國防部部長嚴明（左一）代表國防部頒贈心道法師甲種二等獎章，表達全體國軍的感謝之意。

心道法師獲國防部頒贈「陸海空軍甲種二等獎章」，感謝心道法師於二〇一四年協助國防部並親赴緬北密支那迎回遠征軍英靈入祀忠烈祠。

心道法師致詞時特別感謝國防部，讓十幾萬在異域漂泊七十載的忠魂英靈順利回家。「當年如果沒有遠征軍為保衛國家而戰的決心，就沒有現在中華民族的存在，所以不管如何，一定要把失落的遠征軍的英靈迎回，以告慰他們在天之靈。」心道法師勉勵在場諸位國軍代表們：「民族文化的思想是中華民族生存的主軸，國軍更要把民族文化、儒釋道文化做好。儒家就是把人跟人的關係做好；道家就是把人與自然的互動協調關係做好；佛家就是把頭腦理清楚，生起無障礙的智慧。儒釋道文化是中華民族的寶，更是國格。是大家應該一起推動及復興的中華文化。」

群祥開泰迎新春
善緣具足諸事祥

從大年初一到初七，靈鷲山上院無生道場與下院聖山寺，分別舉辦各式納吉呈祥的新春活動。包括心道法師親自發送祝福紅包及開示加持，禮佛、點光明燈、共修財神法會、請供財寶瓶、新春團拜迎財神等活動；以及在山海天人的景致中體驗

↑心道法師為大眾加持、給予新的一年祝福。

「平安禪」，淨化身心。此外，下院聖山寺今年特別舉辦「舊換新、擱添金」活動，讓大眾以舊鈔換取全新的好運發財金，為新的一年祈福添運。

↓每位財神手裡各持題上吉祥話語的卷軸，祝福大家新春吉祥。

　　新春活動中，心道法師與大眾一同飲下象徵福氣、善緣的「福緣茶」後，為大眾開示祝福。心道法師表示，今天大家能夠聚在一起，就是一種善緣的聚集，善緣足則諸事吉祥，而奉獻他人與布施大眾，是真正的聚集善緣與財富的方法，「成為會員或是委員，就是與眾生結善緣的最好方式，只要發願度眾，就能種下正向能量的記憶種子，走上修心成佛的菩提道路。」

↓喝一杯象徵福氣、善緣的福緣茶，互道恭喜迎接嶄新的一年。

参月
March

陳國寧教授出任宗博館館長
接續宗博理念　搭建國際平臺

現任中華民國博物館學會副理事長，與國際博物館協會（ICOM）等博物館組織有長期交流與區域合作經驗的陳國寧教授，於三月份開始正式擔任世界宗教博物館新任館長。宗博館籌備初期，許多博物館界前輩因宗博「共建愛與和平世界」的理想，給予甚多指導及參與，除了故榮譽館長漢寶德教授、前任館長江韶瑩教授之外，陳國寧教授也曾擔任宗博館籌備時期的主任，共同擘劃宗博館的願景。

已開館十四年的宗博館，由於心道法師親託，陳國寧教授接續領航的重任，持續推展落實宗博館的理念。心道法師期許新任館長將宗博館帶入更具制度化、發展性，並且與國內及國際社會更融合的良善循環。陳館長表示，心道法師希望以世界宗教文化的主題，運用博物館的文化載體，親近社會大眾，最終幫助大眾更認識生命，回歸到每個人心中的真、善、美。陳館長期待宗博館能發揮宗教文化保存與社會教育、兒童教育的功能，成為與國際溝通、為臺灣發聲的平臺。

←世界宗教博物館禮聘現任中華民國博物館學會副理事長陳國寧教授擔任第三任館長。

狄剛總主教與王榮和神父訪山
展現跨宗教交流情誼

　　心道法師長年致力於耕耘跨宗教交流，其中最為人所稱道的，就是結交了許多不同宗教的摯友。三月三日這天，王榮和神父與狄剛總主教一同前來靈鷲山無生道場向心道法師拜年，王神父讚歎心道法師三十多年來的經營，成就了靈鷲山的建設；而狄剛主教則對心道法師提出的「心和平，世界就和平」感到欽佩與感動，並特別帶來擔任彌撒時所著的聖袍及一頂主教的聖帽贈予心道法師，象徵宗教的愛沒有分別。

　　心道法師感恩地說，「與狄主教、王神父是這麼久的老朋友，回憶過去的連結，現在又可以再碰面，這是一個很好的恩典。今天的聚會就像是做了一場彌撒一樣，讓我們沐浴在愛與感恩之中。狄主教與王神父一直是我們最欽佩的神職者，王神父是我們的榜樣，狄主教則是我們的領導。」

↑心道法師陪同狄剛總主教(左一)與王榮和神父(左二)走遍山上各殿堂，彼此交流弘法經驗。

宗博館新春祈福暨微座談
以真誠的愛締造世界和諧

　　世界宗教博物館、愛與和平地球家（GFLP）與各宗教團體聯合舉辦「二〇一五世界宗教新春祈福會」，藉由聚集各宗教的祈願與祝福儀式，為人心及世界祈福，啟動和平與希望；祈福會結束後並舉行「以愛轉化：聖典的教誨」微座談。

　　世界宗教博物館創辦人心道法師致詞時表示：「每年此刻，各宗教老朋友都會在這平臺相聚，大家分享過去一年的心得，也一同為新年度的世界人類、為臺灣祈福。」隨後，各宗教代表手持和平燈一同祈禱，並在地球看板上簽名，許下愛與和平的祈願，誓願承諾以自己的力量，守護全人類，為世界傳遞愛。

↓各宗教領袖齊聚宗博館，手持和平燈，為世界祈福。

↑心道法師與三位宗教代表，分享宗教在面對各種衝突時，如何轉化負面能量。

　　祈福儀式結束後，接著舉辦「以愛轉化：聖典的教誨」微座談，由心道法師與三位宗教領袖，分享不同宗教面對各種衝突時如何轉化負面能量的相關議題。心道法師認為，宗教以「愛」為出發，由「愛」展現對全體生命的關懷與實踐，我們必須不斷推動這樣的生命教育，才能達到圓滿和諧生命、和平一切的美好境界。一貫道總會李玉柱理事長、天主教代表鮑霖神父與伊斯蘭教代表初雅士博士則分別各就一貫道的緣起與實踐教義的方法、如何轉化世界衝突的爭端、教育是推動全球和平並遏止極端主義的有效方法等面向，闡述個人的見解。

　　最後，心道法師期許大眾以「真誠的愛」轉化隔閡與對立，因為「真誠」是能夠讓所有人都感受到的力量；也唯有真誠，才能為世界帶來和諧。

第五屆全國普仁獎頒獎
展現人性原有光明

　　靈鷲山第五屆全國普仁獎頒獎典禮於集思交通部國際會議中心舉行，共有二十六位全國楷模獲獎。典禮結束後，靈鷲山國際青年團特別邀請得獎學生及親友參加「普仁fun心營」。

　　靈鷲山當家常存法師於頒獎典禮致詞時表示：「每年普仁獎的舉辦，聚集了最良善的一群人，普仁小太陽的生命故事，讓人找回人性最初的良善，也體認到逆境與困境都能靠信念來轉化。」

　　靈鷲山普仁獎自二〇〇三年開辦迄今，共發掘三千多位在艱困環境中仍逆流而上、展現美好品德的孩子。靈鷲山創辦人心道法師曾說：「因為普仁小太陽的品德善光照耀我們，才讓我們看見自性原有的光明。」靈鷲山秉持推動「品德教育」是一條沒有終點的旅程，因為唯有讓品德重新成為社會關注的價值，方有助於達成下一代快樂成長的理想。

↓普仁獎鼓勵學子奮發向上、發揮德行光輝，為臺灣社會帶來無限光明。

二十一世紀羅勒夫基金會訪宗博
肯定宗博跨越宗教藩籬理念

以倡導宗教平等及信仰自由為宗旨的「二十一世紀羅勒夫基金會」（21st Century Wilberforce Initiative）與關注中國宗教人權的「對華援助協會」（CHINA aid）一行參訪世界宗教博物館，對宗博館的展品與「尊重、包容、博愛」的創館精神留下深刻印象。

↑二十一世紀羅勒夫基金會與對華援助協會一行參訪世界宗教博物館，認同跨越宗教藩籬，追求「愛與和平」的理念。

參訪團包括基金會總裁Randel Everett與協會創辦人兼會長傅希秋牧師等貴賓，首先在金色大廳聽取宗博館融合各民族宗教圖騰設計的寰宇圖解說，以及「愛與和平」的創館理念；接著參訪正在展期中的「重彩流金六百年——壁畫故事 法海寺」特展；隨後前往「生命之旅廳」，觀賞生命的出生、成長、壯年、老年、死亡及死後世界等展示；兩旁的「生命覺醒區」與「靈修學習區」也吸引眾人駐足，聆聽生命導師的教誨；在「華嚴世界」的圓形球體裡，透過一百八十度環繞螢幕觀看各宗教殿堂，讓參訪外賓透過視覺震撼啟迪心靈；最後在「世界宗教展示大廳」，藉由展示十大宗教實體文物及投影文字解說，瞭解各宗教的起源、教義、儀式、器物及文化傳統等，大廳中央的世界宗教建築縮影模型，擬真程度深得外賓稱許讚歎。

參訪活動結束後，一行人於「淨心水幕」前合影留念。來賓皆肯定宗博館打破宗教藩籬，讓人們更理解、認識宗教的創館宗旨，並希望未來可以有更多交流及合作的機會。

海地共和國參訪團參觀宗博
肯定和諧共存的宗教情懷

海地共和國一行近十人，在海地共和國外交部部長布迪士（S.E.M. Pierre-Duly Brutus）的帶領下，參觀世界宗教博物館，由新任館長陳國寧陪同參觀。布迪士部長在參觀後表示：「非常期望看到將於四月宗博館特展區展

↑ 海地共和國參訪團一行，由世界宗教博物館新任館長陳國寧女士（右六）陪同參觀宗博館。

出的『神靈之光——海地與巫毒信仰特展』，讓臺灣民眾認識並深入瞭解海地的宗教信仰與文化特色。」

陳國寧館長向參訪團介紹宗博館入口處高懸的「百千法門，同歸方寸」字樣，其旨在表達「心」是萬法之源；在「淨心水幕」前，外賓帶著好奇的新鮮感在此洗淨雙手；隨後沿著朝聖步道進入宗博館，外賓對於館內無處不在、具有宗教意涵的設計連連發出讚歎。

陳館長代表宗博館致贈布迪士部長紀念錦旗與心道法師「群祥開泰」墨寶春聯一幅，作為歡迎訪臺的紀念；布迪士部長也回贈具有當地民族文化特色的雕塑予宗博館。

最後，外賓前往「生命之旅廳」與「世界宗教展示大廳」參觀，眾人莫不興味盎然，也被博物館中各宗教不分異己、和諧共存所營造出的靜謐印象而感動，為這趟參訪之旅畫下祥和、圓滿的句點。

報四重恩　度六道苦
基隆清明懷恩大法會

　　靈鷲山基隆講堂第十六年舉辦「清明懷恩大法會暨敬老關懷祈福活動」，除了追思先人與無祀孤魂的超度法會之外，現場並有抄《心經》活動，以及提供點心、醫學諮詢等敬老服務，不僅超度緬懷亡親，也讓鄉里銀髮長輩在此相聚聯誼。現場另也提供愛心贊普，提供白米給附近鄉里有需要的家庭，聚集眾人的慈悲憐憫之心，讓身陷困苦的家庭感受社會的溫暖之情。

　　基隆講堂執事妙實法師開示時提到：「心道法師曾說，莫忘『佛、師、父母、眾生』四重恩，無一不是助我們成佛的因緣。而基隆講堂與在地關係一向緊密，在基隆的發展史中也扮演極其重要的角色，願大眾時時生起慈悲心，繼續為基隆在地的鄉里居民服務。」法會尾聲舉行瑜伽焰口施食儀式，透過法會功德，撫慰過去在戰火、災禍中往生的孤魂有情，救度眾生不再飽受六道之苦、早日往生佛國淨土。

↓一心虔誠念誦《地藏經》，為先人祈福。

53

臺北講堂「美好人生講座」
喜樂豐收　成就美好人生

　　靈鷲山臺北講堂分別於三月及十月舉辦兩場「美好人生講座」，邀請音樂紓壓工作者梁庭、人間佛法實踐者呂碧雪、生活禪學力行者陳松根、養身太極實踐者官貴中等講者，以音樂、文化、心靈與養生等面向，引導聽眾發現美好的人生。

↑講者分別以音樂、文化、心靈與養生等面向，帶領大眾發掘美好的人生。

　　音樂心靈推廣協會執行長梁庭告訴大家，只要張開耳朵，每個人都能在音樂中自我療癒；在靈鷲山學佛多年的呂碧雪師姐，強調身為佛弟子，應日行報恩的工作，從自己延伸至家庭、職場，自然一步步走向美好人生；長年耕耘教育、美學、禪修、佛典等領域的陳松根師兄，與大眾分享生命覺醒的過程及持經念咒功德利益的不思議，並呼籲大眾積極參與共修，讓經咒的神聖力量相互共振，達到美好的人生境界；長期推廣太極功法武藝與公益共修活動的元門太極學苑總教練官貴中，則從養身學的角度，帶領大眾進入養身、養心的心之道。

　　四位講師用豐富的人生歷練及體驗，帶領與會聽眾用佛學、禪學、養身、文化等角度，認識因、看見果，懷著「正面、積極、樂觀」的態度，為自己的生命種下無限美好人生的生命種子。

超度先靈　利益眾生
聖山寺春秋祭典

　　每年春秋兩季，靈鷲山下院聖山寺均固定舉辦殊勝的超薦法會，也為東北角濱海公路發生意外的罹難者設立公益牌位，祈願所有旅客都能行車平安、諸事吉祥。多年來，聖山寺春秋祭典已成福隆地區消災祈福的盛事，藉著法會的殊勝功德，接引歷代祖先往生淨土，生者也消災祈福、身心安康。

　　今年的春季祭典，大眾同修《地藏菩薩本願經》；秋季祭典則是心道法師親自主法「大悲觀音更密無上圓滿施食法會」。

↓聖山寺秋季祭典暨大悲觀音更密無上圓滿施食法會，由心道法師親自主法。

　　「大悲觀音更密無上圓滿施食法會」上午為大悲觀音薈供，恭請諸佛菩薩來此受供；下午則是大悲觀音度亡，令超度亡靈都能仗佛超生、往生善處，上供下施讓一切來此修法的有情眾生，消災解厄、超拔離苦。

↑恭敬地誦念佛號，代表子孫對祖先的追思之情。

　　心道法師於秋季祭典修法圓滿後，向在場善信開示：「聖山寺現在有了善法樓，大家有更大的空間在這裡學習法教，成就今生一切的善業與善法。度亡法會是觀音菩薩救苦救難的法門，憑藉觀音菩薩的願力冥陽兩利，利益歷代祖先往生善處，也利益現下菩薩愉快順心。」心道法師最後期勉與會大眾要依奉觀音菩薩的願力與慈悲，以無我的奉獻心，做一切慈悲利他的事。

肆月
April

海地與巫毒信仰特展
展示信仰的多元性

世界宗教博物館與海地大使館合作，首度在臺灣舉辦「神靈之光——海地與巫毒信仰」特展，深度介紹海地巫毒信仰，此特展是臺灣也是亞洲地區首度完整介紹海地巫毒教內涵與文化的展覽。藉由透過展示不同民族的歷史軌跡及信仰文化，世界宗教博物館讓大眾對不同的宗教信仰有更多的理解與包容。

特展於三月三十一日舉行開幕儀式，海地駐臺大使庫珀（Rachel Coupaud）、海地大學副校長Rachel Beauvoir-Dominique及各國貴賓皆出席盛會，文化部洪孟啟部長肯定此次特展為臺灣與海地建交五十九年來的文化盛事。

心道法師表示，世界上各種不同的宗教信仰，皆是良善、智慧與慈愛能量的展現，宗博館推出「神靈之光——海地與巫毒信仰」特展，希望大家能敞開心胸，以寬廣的視野和兼容並蓄的精神，認識信仰的多元性。宗博館館長陳國寧表示，藉由此次展覽將海地珍貴的文化遺產呈現給世人，也澄清外界對海地巫毒信仰的誤解，宗博館很榮幸參與這次的合作。

開幕式也邀請海地最受敬重的女巫師Rachel Beauvoir-Dominique以傳統海地巫毒儀式祈願眾神靈降臨，不僅為大眾祈福，也預祝此次展覽順利成功。

↑ 此次特展是臺灣首度完整介紹海地巫毒教內涵與文化的展覽。

● 「神靈之光——海地與巫毒信仰」系列活動表

日期	活動名稱
04/12 04/26	玩藝術PartⅠ巫毒娃娃 玩藝術PartⅡ拼貼旗幟
05/03 05/17	食海地PartⅠ海地的餐桌-飲食文化介紹 食海地PartⅡ海地到餐桌-談公平貿易與傳 統貿易的差異
05/10	玩節奏
05/23	趣市集
05/31	讀電影《鼓動人生》海地紀錄片放映

長老尼法性法師捨報
啟建佛塔感念實踐佛法的行者

↑長老尼法性法師讚頌追思會於靈鷲山聖山寺舉行。

靈鷲山「開山大師兄」宗一法性比丘尼，於四月十三日示寂。世壽五十七，僧臘三十四，戒臘三十。適逢「春安居」禪關期間，靈鷲山教團以安居寂靜功德迴向，心道法師親題「無來無去本自在、無生無滅是本來」法偈悼念。

法性比丘尼自大學時代即敬仰心道法師親自躬行實踐的刻苦修行，追隨心道法師出家後，以佛心為己心、以師志為己志，帶領後學及社會善信輔佐心道法師創建靈鷲山、世界宗教博物館及各項志業，為靈鷲山奠定新時代的里程碑。法性比丘尼敦厚的品德，也讓諸多菁英學子奉為典範，投入佛教、傳揚佛法。

法性法師曾言：「身在佛門，萬事皆為眾生服務，工作就是練心場域，生活必須時時識自本心、見自本性。」哲人日已遠，典型在夙昔，法性比丘尼已樹立起學法修行的典範，成為後學楷模，且永留世間。

為感念「大師兄」法性比丘尼一生奉獻於弘法利生、傳承佛法，靈鷲山僧信四眾發起造立一座五輪佛塔，心道法師命名為「法性比丘尼紀念佛塔」，於九月三日裝臟開光。五輪佛塔屹立於多羅觀音旁，塔內裝臟佛法僧三寶法舍利，並禮請釋迦仁波切修法開光。靈鷲山僧信祈願以此造塔之功德，迴向法性比丘尼恆住光明、乘願再來。

法門寺博物館館長再訪宗博
盛讚宗博館設計極具妙思

　　由中國法門寺博物館館長韓金科偕同上海靜安寺監院亞蘊法師參訪世界宗教博物館，一行人參觀了常設展區與特展「神靈之光——海地與巫毒信仰」，並與宗博館陳國寧館長就博物館的開闢與經營交換意見。二〇一一年曾來訪的韓館長感佩心道法師的創館理念，表示：「透過空間巧妙展示，把凡人領進諸佛世界，宗博館著實了不起！」

　　參訪尾聲，韓館長特別提及「法門寺文化景區」的近況發展，並鄭重邀請心道法師及陳館長擔任顧問給予指導，期望借重宗博館的空間規劃經驗，學習如何將傳統的宗教意涵透過空間形象展示，使佛教文化精神具體呈現。陳館長則衷心期待以宗博館為起點，串連出更多館際交流與合作機會，將創館使命「愛與和平」散布到全世界每一個角落。

←韓金科館長（右一）讚歎世界宗教博物館是一盞帶來世界和平的明燈。

紐約「愛與寬恕」創作比賽
用藝術創作展現跨宗教情感

靈鷲山紐約道場與Fetzer Institute合作，舉辦「愛與寬恕——藝術的呼喚」創作比賽，經評選後於四月二十五日舉行頒獎典禮暨公開展覽。

此次比賽緣起於二○一二年九月心道法師受邀參與Fetzer Institute舉辦的「全球大會：愛與寬恕的朝聖」，與來自全球各領域的五百位領袖，在會議中分享如何推動愛與寬恕。靈鷲山紐約道場經過兩年的籌備，推出「愛與寬恕——藝術的呼喚」創作比賽，邀請紐約地區高中九～十二年級的學生參加，透過繪畫／插圖、攝影、混合媒體、影片等多媒體的呈現方式，激發青少年間的對話。

靈鷲山紐約道場監院廣果法師頒獎致詞時表示，愛與寬恕是跨宗教的，每個人都希望被愛與愛人，在自己或別人做錯事時也會希望能被寬恕及寬恕別人，這次邀請青少年用藝術的方式表達內心深處的感受，呈現出多面且深刻的作品，令人感到驚喜。

↓ 主辦單位鼓勵青少年用藝術的方式呈現內心愛與寬恕的世界。

為泰籍移工祈福
富貴金佛加持新北市潑水節

　　適逢泰國新年，靈鷲山受邀參與由新北市政府主辦的「第五屆泰國藤球友誼賽暨潑水節」活動，於新北市政府市民廣場設立富貴金佛壇城，為新住民帶來富貴與平安。

　　為求國運昌隆、人民富饒，靈鷲山於二〇〇八年迎回泰國國寶富貴金佛，並在心道法師慈悲度眾的願力指示下，每年皆將金佛迎至潑水節現場安座，供所有泰籍移工頂禮供養來自家鄉的金佛。

　　心道法師曾開示：「富貴是指一切事物的美好呈現，是一切善念的緣起，也是一切智慧的組合，不是單指財富而已。」靈鷲山富貴金佛不但讓離鄉背井的移工朋友得以一解思鄉之苦，彌補無法回鄉過年的遺憾；更在金佛的加持下，收到來自泰國國王以及僧王的雙重祝福，期望來年生活豐足、心靈富饒。

←富貴金佛首度參加新北市潑水節，為泰籍移工與新住民帶來富貴平安。

北京博物館學會參訪宗博館
跳脫宗教框架　關懷生命

　　由中國北京市文物局副局長劉超英領隊，含北京首都博物館等專家共十六人的北京博物館學會考察團，前來世界宗教博物館交流。

　　考察團一行參觀難得一見的「神靈之光——海地與巫毒信仰」特展，團員表示：「海地是遙不可及的國度，充滿了想像，但我們對這個國家也一直有著刻板印象。」此次特展讓團員更加瞭解宗博館「尊重、包容、博愛」創館理念的珍貴，對心道法師也更加肯定與敬佩。

　　宗博館跳脫單一宗教的框架，擴大了宗教教育的視野，並且在有限的空間呈現出宇宙生命的浩瀚以及宗教對於生命關懷的廣闊。北京博物館學會考察團期許，除了博物館專業見解的互動之外，未來彼此能開啟人才與館藏等更多交流的機會。

←宗博館的展示精神與營造的藝術氛圍，讓博物館界有新的視野與學習感受。

伍月
May

儲蓄善業 精進道業
靈鷲山臺北講堂開光灑淨

　　靈鷲山臺北講堂啟建開光祈福法會，一連三天啟建三場殊勝的法會，五月一日由心道法師主持觀音百供祈福法會、五月二日為《孔雀明王經》法會、五月三日啟建《金剛經》法會。

　　五月一日的開光灑淨儀式圓滿後，數百名信眾虔誠參與觀音百供祈福法會修法，期盼共修的加持力護佑佛子、護佑講堂。心道法師於法會圓滿時開示：「我們要學習觀音菩薩的慈悲喜捨，救度一切眾生、施捨一切眾生，〈大悲咒〉是離苦得樂的咒，也是在苦難的世間中能夠得到救拔的咒。用持咒來淨化心靈，鋪陳善緣，趨吉避凶；也用〈大悲咒〉這把善緣的鑰匙，打開生命智慧的財富、修行的財富、福慧的財富。」心道法師感恩所有護法善信共同護持成就講堂順利落成，講堂是大家的好鄰居，也是所有人身心靈教育的空間，希望大家未來都能善加利用，共同在此精進道業，讓這個殊勝福地能廣結善緣，造福更多有情眾生。

←臺北講堂開光灑淨，
　心道法師親臨主持觀
　音百供祈福法會。

福隆沙雕季沙雕師來山參訪
體驗寧靜與和平的心靈

　　十位創作沙雕藝術品的外國沙雕師們，於「二〇一五福隆國際沙雕藝術季」開幕典禮結束後，前來靈鷲山走訪參禪。首次來到靈鷲山的沙雕師，極愛靈鷲山的寧靜與自然，在開山聖殿體驗「平安禪」後，表示喜歡禪修時內心寧靜的感受，這樣的體驗更能相應於今年沙雕主題「和平」的概念。

　　當人心和平、願意關懷周遭一切生命時，才能止息紛爭，相應於心道法師提出的「心和平，世界就和平」理念，獲得今年沙雕創作冠軍的作品，便是傳達出人類競爭下戰爭的可怕，希望藉由創作啟發世人共同打造和平的世界。

　　沙雕師臨下山之際在多羅觀音道場巧遇心道法師，開心地與心道法師問候合照，並表示：「今天的願望都已實現，來到山上真好！」

↓沙雕師來山參訪，體驗寧靜的平安禪。

南傳比丘訪靈鷲山
法輪常轉　法緣綿延

　　緬甸全國上座部中緬南傳佛教協會三十五位比丘、二十一位居士，前來靈鷲山上、下院參訪，並拜會心道法師，以及為下院聖山寺金佛園區內正在裝修中的善法大樓灑淨。

　　分別來自英國、澳洲、印度、印尼、斯里蘭卡等不同國家的南傳比丘、居士等一行抵達下院聖山寺金佛園區後，即進入金佛殿禮拜成功、平安、圓滿三尊金佛，靈鷲山常住代表也向眾賢聖僧比丘頂禮三拜，以至誠的心歡迎比丘蒞臨。南傳比丘為

↑ 來訪的比丘們長年在世界各地弘揚南傳佛教。

善法大樓灑淨，祈願寺院內外平安、法緣綿延。隨後前往上院無生道場參拜、巡禮各殿堂，並於開山聖殿會見心道法師，對心道法師開創靈鷲山如此幽靜的禪修環境，無不深感敬佩。

　　心道法師於二〇一四年獲緬甸全國上座部佛教頒贈最高禪修成就獎，當時參與推薦的傳恩法師NYAR NIS SA RA也是參訪團成員之一，法師說：「心道法師不僅在臺灣有名，在緬甸也很有名，他經常到世界各國弘法，在禪修上更是有大成就。心道法師是一位真正的實踐家，能獲此殊榮實至名歸。」

　　比丘最後為大眾做三皈五戒滴水功德，經由比丘念誦傳給諸神菩薩、龍天護法，迴向給大眾獲得無量智慧與福德，並以此功德祈願地球平安、無災無難。靈鷲山常住也供養資具，感恩比丘長年弘法的辛勞。

敬仰心道法師慈悲度眾精神
雲南海外聯誼會來訪

　　中國雲南海外聯誼會在會長黃毅先生的帶領下，前來靈鷲山拜訪心道法師。心道法師與黃會長二〇一一年於雲南騰沖的中國遠征軍公祭活動中結識，黃會長因感佩心道法師致力於兩岸佛教界交流合作的貢獻，彼此結下甚深緣份。

　　心道法師帶領聯誼會一行先於聖山寺金佛園區金佛殿頂禮金佛、繞佛迴向；適逢浴佛節前夕，心道法師並與黃會長一同浴佛，祈願世界和平、地球平安。隨後前往靈鷲山無生道場禮佛參拜。

　　心道法師表示：「文化同源，我們本是一家人，現在最要緊的是將傳統的儒釋道文化扎根，發揚光大才會對世界有幫助，只有儒釋道文化才有和平與安定，希望大家一起來推動，讓文化的傳承能夠永續。」黃會長則提到：「認識心道法師後，才真正發現心道法師確實為了世界的和平與福祉在全世界奔波，也為了不同宗教的和平做了許多的貢獻，感佩心道法師為眾生祈願的慈悲。」圓滿了參訪行程，雲南海外聯誼會一行與心道法師及陪同的僧眾弟子互道珍重，也期許下次再訪靈鷲聖山的因緣。

↓與心道法師有同鄉情誼的雲南海外聯誼會會長黃毅（前排右五）一行，前來拜會心道法師。

海地樞機主教訪宗博館
信仰融合　多元共生

↑ 海地朗格羅樞機主教此行見證海地與宗博館多元文化交流，陳館長並致贈宗博館紀念錦旗。

海地共和國樞機主教朗格羅（Chibly Cardinal Langlois）、海地聖母大學校長皮耶總主教（Archbishop Pierre-Andre Pierre）等貴賓，在海地駐臺大使庫珀（Rachel Coupaud）、外交部副參事顏嘉良等人陪同下參訪世界宗教博物館，宗博館陳國寧館長陪同參觀常設展及「神靈之光──海地與巫毒信仰」特展。

巫毒教與天主教在海地並列兩大宗教，是海地人最重要的心靈支柱，巫毒教的每一種神靈都有專屬的圖騰，再配上音樂、舞蹈，尤其是鼓樂的伴奏，成為巫毒教祈福儀式重要的特色。朗格羅樞機主教雖是天主教徒，但和心道法師一樣，有著尊重當地文化與多元宗教的胸襟。他以一位天主教徒的身分看待巫毒教，表示：「巫毒教在海地是合法的信仰，群眾可以透過巫毒教去認識上帝、和上帝溝通。」

朗格羅樞機主教肯定臺灣這座世界唯一的宗教博物館，以及創辦人心道法師多年來推動「尊重、包容、博愛」所做的努力。陳館長特別致贈象徵宗博館創館精神的「尊重、包容、博愛」錦旗予貴賓留念，感謝他們為促進兩國宗教交流所做的努力。

大悲閉關21
以〈大悲咒〉安心 堅固道心

↑ 禮請緬甸巴利大學校長鳩摩羅尊者，為閉關精進眾親講佛法。

心道法師因有感於世界各地天災頻仍，人心惶惶不安，自二○一二年起號召海內外四眾弟子舉辦「大悲閉關21」法會，共修百萬遍〈大悲咒〉，祈願地球平安、人心和諧。邁入第四年的「大悲閉關21」法會，特別禮請緬甸仰光全國上座部國立巴利大學校長鳩摩羅尊者（Ashin Bhaddanta Kumara），為閉關精進眾親講佛法。參與精進閉關者並於閉關圓滿日親受上師千手千眼觀音傳承灌頂傳法。心道法師囑咐大眾精進共修，把往年持誦百萬遍〈大悲咒〉的功課，提升至一百五十萬遍，以廣大清淨的菩提心連結凝聚慈悲的能量。

心道法師說：「學佛最重要的是實踐，用〈大悲咒〉讓自己在生活中有一個安心之道，也用〈大悲咒〉跟眾生結好緣。我們連結每一個眾生，變成一個好的種子，有好的種子、好的養分，經過良好的成長，未來也就能帶動起好的循環。」法會閉關期間遭逢華藏海祝

↑ 參與〈大悲咒〉共修，培福修慧，共成無上佛道。

融事故，考驗著大眾對觀音菩薩的信心。心道法師特別開示鼓勵：「這些考驗就是讓我們能夠堅持對觀音菩薩及〈大悲咒〉的心不退轉，加強我們對〈大悲咒〉有更大的信心與毅力，具足〈大悲咒〉的功德。大家更應該虔誠發心持誦〈大悲咒〉，以清淨念力共同為地球平安祈福。」

陸月
June

認識自己 找回心的家
馬來西亞檳城國際禪修中心開光

↑心道法師（左一）與檳城極樂寺住持賢觀法師共同主持開光灑淨儀式。

在馬來西亞拿督葉錦山、高靖添、陳穎楠及沈冠宇等大德及十方信眾合力促成下，靈鷲山馬來西亞檳城國際禪修中心正式開光啟用。心道法師特地前往主持開光剪綵儀式，並與極樂寺住持賢觀法師共同以大悲聖水為禪修中心內外灑淨祈福。

開光儀式圓滿後，心道法師帶領與會大眾進行觀音百供祈福法會共修，心道法師期勉每個人都要時時以大悲十心觀照自己的身口意，用〈大悲咒〉守護自己，也讓地球和諧平安。

「善業、惡業都是從身口意而來，好的身口意能夠結善緣，結了善緣生活就會成功，所以我們要從身口意三個地方來行善：身——做好事、口——說好話、意——想好事，這三好不只創造今生的成功，更是生生世世生命的經營，讓我們未來的生命都能夠隨心所欲而不逾矩。」

↑心道法師（右二）與各界貴賓一同為禪修中心開幕剪綵。

馬來西亞檳城國際禪修中心正式啟用，心道法師希望大眾能夠從禪找回自己、找回心的家，從禪認識靈鷲山，認識佛教的慈悲與智慧，為自己的心覓得明心見性的不二法門，進而幫助社會，讓世界和平。

無生道場大殿祝融
以平常心應對無常

↑佛光山住持心保和尚（上圖左）
與慈濟代表（下圖左）均來訪表
達關懷之意。

靈鷲山無生道場華藏海大殿六月十日深夜發生祝融之災，火勢迅速撲滅、人員一切平安。於國外弘法的心道法師第一時間透過越洋電話，對長期愛護關心靈鷲山的社會大眾表達感謝之意。

佛光山住持心保和尚偕同退居和尚心培法師、清德寺住持慧龍法師、人間福報總編輯妙熙法師於十二日前來致意；慈濟志工代表柯武雄、翁千惠等，也送來證嚴法師關懷信及香積飯等物資，與靈鷲山僧俗四眾結緣。

適逢靈鷲山大悲閉關法會期間，學員雖遇祝融，然仍勇猛精進，在主辦單位安排下，移往聖山寺金佛殿虔心持誦〈大悲咒〉。心道法師特別開示：「現在我們所精進的百萬〈大悲咒〉，相應於觀音菩薩救度眾生，以悲心轉念祈求地球平安。參加閉關的學員一切平安，感恩觀音菩薩擋去災劫。我們也應該更具信心，以觀音法門來自利利他。面對無常莫忘平常心，才能生起修持的智慧，冷靜度過難關。」

安住身心的清淨空間
泰國國際禪修中心開光

靈鷲山泰國國際禪修中心落成啟用，開光聖典由僧王寺五位高僧持誦《吉祥經》揭開序幕，隨後由心道法師偕同僧王寺代表與中華民國駐泰代表處丁樂群公使等各界貴賓，共同為禪修中心開幕剪綵。泰國僧王寺代理方丈旺那樂尊者特別撰文表達祝賀，並致贈前僧王陞座二十週年紀念法扇及法照，為禪修中心添加無上法喜與殊勝。

開光儀式圓滿後，心道法師帶領與會大眾進行觀音百供修法，心道法師不斷提醒大家要以禪修、持〈大悲咒〉，讓心遠離貪瞋癡，使心變得清淨，讓自己善緣具足、福慧圓滿。

靈鷲山泰國國際禪修中心在十方大德的祝福中，圓滿了開光法儀，心道法師感恩十方善信的祝福，說道：「信仰是人生最好的伴侶，也是精神上最好的護佑，希望所有信眾把禪修中心當成自己的第二個家，不論是佛法的學習或是禪修

↑靈鷲山泰國國際禪修中心落成啟用，為信眾提供一個身心靈修行的清淨空間。

的交流，都歡迎大家隨時來到這裡，為自己找到一個安心、放心的好所在。」

精進行道　齊心護持建寺
開山三十二週年暨大悲閉關圓滿

　　靈鷲山開山邁入第三十二年，於下院聖山寺舉行「大悲閉關21圓滿迴向暨開山三十二週年活動」，以精進朝山菩薩行、〈普門品〉共修暨佛前大供、宗風表揚大悲行者、千手千眼觀音傳承灌頂傳法等四大活動為主軸。

　　活動會場播放全球各地信眾對靈鷲山的祝福影片；護法會幹部代表和青年團也為大眾祈願、唱誦心聲，凝聚願心護持華藏海殿堂早日修復；靈鷲山榮譽董事聯誼會則發願：「依止上師、護持教團、弘揚佛法、修建華藏海大殿，所有榮董聯誼會幹部及成員全力以赴。」

　　心道法師開示：「這麼多年來，我們主要做的就是讓心走向智慧的心靈，從小我走向大我、相依相存，一起用生命奉獻生命、生命扶持生命，走向一個愛的世界，為國家安定盡一份心力。持〈大悲咒〉可以消除各種災難，這次大悲閉關大家都很用心持〈大悲咒〉，我們要把這二十一天的功德迴向臺灣平安、世界無災無難。」

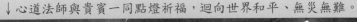

↓心道法師與貴賓一同點燈祈福，迴向世界和平、無災無難。

以大悲十心與觀音相應
心道法師於大悲灌頂傳法開示

↑ 參與大悲閉關21精進閉關者，於圓滿日親受上師灌頂傳法，大眾於法會中虔誠修法。

　　大家能在大悲閉關的圓滿日領受大悲觀音的傳承法門，是非常地難得跟殊勝。在領受灌頂回去之後，每天至少要念〈大悲咒〉一百零八遍，讓大悲觀音的傳承，確實地在生活中落實。這是我們的佛行志業，無論是對小孩、父母、兄弟姐妹、任何的眾生，都在大悲傳承的法門裡，不要忘失我們就是觀音菩薩的化身，要時時刻刻做觀音菩薩的事，「不為自己求安樂，但願眾生得離苦」，成為如實的〈大悲咒〉行者。

　　我們在持〈大悲咒〉的時候，要與觀音菩薩的十心相應，如果能與這十心

相應，現生便可以證得果位；如果不能相應觀音十心，那就等到往生以後，再到極樂世界培養。觀音的十種心是解脫心，也是成佛的心、成就聖者的心，我們現在僅是觀音菩薩的凡夫化身，如果能與十心相應，就能夠成就千百億化身的觀音菩薩。

觀音十心的第一個心是大悲心，也是慈憫、拔苦的心，憐憫別人、幫助別人、奉獻服務。眾生都是我們累劫累世的父母，我們能不服務、不慈悲嗎？所以，大悲心就是普度眾生的心，時時刻刻體貼服務，幫助一切眾生獲得善業與善樂，成就大福報。

第二個心是平等心，也就是沒有高下心。不管對方有錢、沒錢，都要去度化，要用平等心實踐慈悲法門。眾生都是我們的福田，我們要沒有分別、沒有你我、沒有高低、沒有對立的關係，才能夠跟眾生結善緣。

第三個心是無為心，也就是不造作、不虛偽、自然而然的本性。用我們的本性，自然、無造作、不虛偽的心態，來做觀音菩薩的慈悲事業。無為心也是無所得的心，以無所得的心做慈悲喜捨的事情，就沒有得失心、沒有計較心，也就不會生煩惱。

第四個心是無染著心。只要我們有平等心，就不會有染著心。無染著心，就是沒有污染跟貪染的心，也就是清淨心。能夠用清淨心實踐慈悲喜捨，心中便不會有貪瞋癡的染著。當心沒有雜念，清淨的時候，我們所做的一切就能夠順利、無障礙。

第五個心是空觀心，也就是安住於無所緣的空性中。所有的因緣都是空的，沒有一個因緣是靠得住的、沒有一個因緣是不消失的。當我們在做慈悲喜捨、行觀音菩薩利他行為的時候，要用空觀心去看生活中的一切，不要在物質上去取捨、執著、貪染，如果有那麼多的放不下，就會有很多罣礙。所以當別人講我們好也好、壞也好，喜歡我們也好、不喜歡我們也好，都要做慈悲喜捨的工作，沒有罣礙。

第六個心是恭敬心。當我們要行觀音菩薩慈悲喜捨、拔苦救難的工作時，必須對一切眾生有恭敬心，不能有驕傲的心態，要像我們是僕人一樣，處處恭敬地為他們服務、為他們做事。恭敬心會讓我們廣結善緣，能夠把一切緣都變

成自己的福田。我們應該以恭敬心來學習對待一切，因為每一個緣，都會是我們的善知識。

第七個心是卑下心。卑下心就是虛心，不要看不起別人。把我執放下，凡事謙卑且能夠請教，沒有傲慢的心，也不會執著己見，如此才能夠學到最好的經驗，做人、做事也能夠和諧成功，這都是因為謙卑無我、善緣具足。

第八個心是無雜亂心。持〈大悲咒〉的時候要專心，不散亂、專心一意，不要東想西想；在做每一件大悲心的事情時，也都要專心不雜亂地做，一分心，心就會散亂，那就不是修行的心。所謂修行的心，就是清楚、專注、不散亂地修行。

第九個心是無見取心。見取心就是見到什麼，就有自己的想法、意見，是是非非、好好壞壞，通通都往那裡看，無法無分別地、平等地做任何事，如此便看不到慈悲喜捨。持〈大悲咒〉時不能有見取心，要平等看待一切。

第十個心是無上菩提心，就是我們要有高度的覺醒，發起「上成佛道，下化眾生」的菩提心，讓一切眾生覺醒成佛，心不退轉。不覺醒，我們就會迷惑，迷惑就會墮落、輪迴；覺醒了就會放下，不會著相生心。我們應隨時隨地覺醒，以「上求佛道，下化眾生」為我們的使命，立「眾生度盡，方證菩提」的大悲心。

持〈大悲咒〉的願力，讓我們能夠快速成就佛道、快速成就世間法，如果不精進，每天忙著追求名利，福報又不夠，哪天大限到了，兩腳一伸，就去輪迴了，生命便會永遠在苦海中浮沉。如果我們可以把大悲觀音的這十心用在生活中，就是天天閉關、時時修行的大修行人。用〈大悲咒〉的十個心來生活、行菩薩道，貫徹好觀音菩薩慈悲喜捨的工作，我們便能夠證悟甚深的菩提心，進入實相無相的修法中。

線身說法──宗教與線條
探看線條構成的奧妙

　　世界宗教博物館舉辦「線身說法──宗教與線條」特展，跳脫過去以具體造像認識宗教文化的方式，改從抽象的線條著手，帶領參觀大眾瞭解各種線條形式如何變化出足以代表各種異國文化的姿態樣貌，像是某種圖騰、符號、文字，甚至是一幅畫作。

　　線條是由許多點組成，也是構成一件藝術作品最基本的元素，依據移動方向的不同產生直線、曲線、折線等，傳達出不同的特質與情感。此次特展以「毛線球」的動畫故事貫穿全場，帶領觀眾進入展區；在動手操作沙畫、織布機的過成中，瞭解線條圖案的組成秩序與意義。展覽期間並規劃各式導覽、藝術講座、DIY等多元豐富的教育活動，與大眾分享線條藝術的各種變化與樂趣。

↓「線身說法」特展以「毛線球」的動畫故事貫穿全場。

陸月

● 「線身說法——宗教與線條」系列活動表

日期	活動名稱
07/11	線條-伊斯蘭文字藝術
07/12	禪繞藝術-基礎體驗課程
07/18	談線條之直線曲線與重複
08/09	玩線之美-創意吸鐵
08/23	刺繡藝術-在布上作畫
【自由現身 - 小市集】	
09/13 10/04 11/01	畫糖人 龍鬚糖 人像剪影
【無所不在 - 小客廳】	
09/19 10/03 10/18 11/07	印地安傳說捕夢網 伊斯蘭書法藝術 泰雅族頭帶編織 現身說舞
【隨心所欲 - 小展演】	
09/20 09/27 10/25 11/21	蘇菲旋轉/土耳其 神秘中東/阿拉伯 探索太極/東方 歌蘭吟唱/印度

柒月
July

大悲心燈傳香江
香港大悲咒共修團成軍

剛圓滿在臺灣啟建的「大悲閉關21」，靈鷲山僧俗四眾一行共五十人，繼續啟程前往香港啟建大悲咒共修法會。

發起此次共修法會的旭日集團總裁楊釗居士表示，將在香港成立大悲咒共修團，以持誦〈大悲咒〉長養無我利他的菩提

↑ 香港大悲咒共修團成立，心道法師致贈念誦百萬遍〈大悲咒〉所加持的五色旗予發起人楊釗居士（右四）。

心。楊居士非常感謝臺灣大悲咒共修團到香港開啟〈大悲咒〉共修的因緣，表示：「〈大悲咒〉就像是一盞無盡的心燈，從今年開始將從臺灣延續到香港，以此來貫徹、延續觀音菩薩的願力。」

心道法師特別前往共修會場為信眾開示：「在災難頻繁的今日，〈大悲咒〉給予我們救苦救難的力量，大家應該要更有信心持誦，一方

↑ 前往香港共修的臺灣大悲咒代表團成員，皆是持滿十萬遍以上的大悲行者。

面讓道業扎根，一方面與觀音菩薩接起善緣。持了〈大悲咒〉，生生世世就跟觀音菩薩的緣環扣在一起，即使在輪迴中也是有願力、有慈悲地做功德。」

全球阿含期初階課程營隊
探索心靈 找回自己

為了讓四眾弟子瞭解心道法師以願力成就佛淨土的廣大志業，靈鷲山慧命成長學院依循心道法師四期教育的法教，分別於北京、吉隆坡、及紐約舉辦三場「阿含期初階課程」營隊；另外也特別為榮董於苗栗舉辦了一場營隊課程。

↑四期教育是成佛的藍圖，眾生在此皆可覓得自己心之所向。

「阿含期初階課程」營隊，將原於全臺講堂開設的「快樂靈鷲人大學習」初階阿含八堂課程，濃縮為三天兩夜的內容，並結合平安禪及佛陀法教，並以「佛之道」、「心之道」、「無我之道」為課程精神，透過動態的活動設計及分組討論，幫助學員親近佛法。

營隊指導法師了意法師表示，「佛之道」是以《初轉法輪經》為課程藍本，從四聖諦、八正道中修習戒、定、慧的功夫，以斷絕煩惱。「心之道」以心道法師於塚間實修證悟的「平安禪」為法門，透過禪修找回自己，覓得活在當下的快樂。「無我之道」則是對治眾生因沉迷於種種物質欲望所生的煩惱。整體課程從自我覺醒開始，喜歡生命、關懷生命，在簡單生活中，尋回內心的寧靜。

學員在營隊結束後的分享表示：「來參加禪修之前，感覺到自己一直都在為別人而活，對任何事情都事不關己。然而三天下來，最深的感觸是心被打動了，發現自己像迷失的羔羊找到一條路，能感知到很多細膩的事物，覺得自己的心又有了跳動的感覺。」

請益興辦法會與慈善推廣事業
廈門佛教文化交流團訪山

中國廈門市佛教文化交流團一行在團長廈門市佛教協會會長、南普陀寺方丈則悟法師的帶領下，來山拜會心道法師，就兩岸佛教互動、慈善事業推廣等交換意見。

則悟法師感謝心道法師在百忙中與大家結緣，更讚歎心道法師下硬功夫閉關，出關後帶領眾生做發願度眾的事；心道法師「心和平，世界就和平」的弘願大愛，更為大眾所感佩。交流團代表廈門市人大城建環資委主任委員邊經衛對心道法師在寺院經營上的用心，以及世界宗教博物館、慈善基金會對人類的貢獻表示讚歎與認同。

針對參訪團請益的各項問題，心道法師詳盡地一一回覆：「慈善事業一方面要跟社會接軌，一方面也要讓大家看到佛陀的慈悲。宗教是眾生的、是融合的，要尊重各個宗教的存在，讓不同宗教有交流的平臺，以團結各宗教的力量共同面對苦難的世界。而靈鷲山的水陸法會以遵循古法保持原味為精神，依照儀軌超度六道，讓眾生得到利益。所以水陸的理念也是華嚴的理念，把慈悲與禪的和諧互動在水陸中顯現。」

↓廈門市佛教文化交流團在南普陀寺方丈則悟法師（前排座區左二）帶領下來山參訪並拜會心道法師（前排座區左三）。

水陸法會與觀音信仰講座
以觀音十心成就遍智佛國境界

　　為了讓大眾更加瞭解即將到來的水陸法會，靈鷲山臺北講堂舉辦水陸法會與觀音信仰講座。開場前先播放二〇一四年水陸法會回顧影片，喚起參與信眾的記憶與感動，同時也讓尚未參與者，進一步瞭解靈鷲山水陸法會的特色與做法。

　　講座禮請靈鷲山首座了意法師為大眾主講，法師開宗明義便提到靈鷲山把水陸與觀音菩薩連結的深遠意義：「因為觀音菩薩對這堪忍的世界，能給予眾生最大的慈悲跟度拔的力量，所以水陸法會也如同觀音菩薩穿針引線般，幫我們形成一個方便法門。」

　　每年農曆七月，靈鷲山都以至誠心啟建水陸法會，恪遵千年傳承的水陸儀軌，在莊嚴的儀式中謙卑禮懺、深刻反省、滌盡業障，這正是觀音法門之真諦。了意法師除了詳盡介紹水陸法會的內、外壇的意義之外，更為大眾總結水陸法會與觀音十心連結起來的究竟利益：「在法會中大家一起學佛，與十方法界一切眾生一起從惡業轉善業，從善業轉寂靜，從寂靜成就涅槃，從涅槃發起無上菩提心，最後便能成就遍智的佛國境界。」

←「水陸法會與觀音信仰」講座由靈鷲山首座了意法師擔任授課講師。

廈門參訪團來山參訪
連結兩岸佛教法統

　　由中國廈門觀音寺住持定恒法師偕同廈門市政協副主席盧士鋼等一行的廈門參訪團，來山拜會心道法師，就兩岸佛教文化交流互相交換意見。

　　參訪團先於下院聖山寺金佛殿禮佛、喫茶觀賞「愛與和平的使者」影片，對心道法師創立世界宗教博物館，讓各宗教能在「尊重、包容、博愛」的理念下多元共生感到相當贊同，隨後前往上院無生道場。參訪團於參觀文化走廊時，仔細觀看靈鷲山成佛藍圖——四期教育的介紹後，對心道法師以塚間苦行及斷食閉關體證生死，又以傳承佛陀圓滿法教為本願，歸納出佛陀說法的歷程及精要，發展出四期修學的教育系統，表示肯定。隨後在開山聖殿體驗平安禪，更加對靈鷲山這座以實修聞名的道場留下深刻印象。

　　心道法師表示：「廈門跟臺灣很近，應該要常常互動、合作，把兩岸佛教法統連結起來。」定恒法師特別致贈心道法師一幅「靈山妙法」墨寶，心道法師也回贈《靈鷲山外山》著作及《靈鷲山三十週年山誌》，為兩岸佛教文化多元交流再啟新頁。

↓廈門市佛教文化交流參訪團在開山聖殿體驗禪修。

第三屆國際哈佛青年營
助青年建立佛法正知見

↑青年營透過各種活動課程幫助學員培養積極正向的態度。（馬來西亞）

　　第三屆國際哈佛青年營分別於馬來西亞丹絨蘇特拉度假村及臺灣蘭陽講堂盛大舉行，兩場分別連續三天的營隊活動，安排精采的課程帶領青年學子體驗團體生活。

　　靈鷲山當家常存法師於開營儀式中開示：「想想我們為什麼來參加？是為了建立佛法的正知見，體現服務的精神，也是為自己找到一個永恆的心靈家園。」國際哈佛青年營的課程，法師以淺顯易懂的方式傳授佛法，讓學員體悟佛門偉大奧妙之處；講師透過各種活動，幫助學員培養積極正向的態度。學員在營隊中以「靈鷲青年，三好五德，傳承佛法，使命在我」為共同目標，建立起三好五德的人生態度。

　　心道法師一直以來鼓勵青年學子都能學習佛法，傳承佛法的正見善念，讓善知識遍及每一個角落，人人都成為正面、積極、樂觀的和平使者。「學佛就是把佛法散播給沒有辦法得到快樂的人，希望他們聽聞佛法之後都能夠快樂，也能夠為找不到生命目標的人，指引他們找到生命的方向。」靈鷲山國際青年

團遵循心道法師的法教,秉持「頭頂釋迦如來的使命,心懷觀音菩薩的慈悲,腳踏地藏菩薩的願力」,藉由每年舉辦的國際青年營,誓願將佛法傳給每一個人,讓大眾都能夠解脫、都能夠快樂;也願一切眾生擁有成佛的慈悲心,一同來學習佛法。

↑青年營透過各種活動課程幫助學員培養積極正向的態度。(臺灣)

捌月
August

社會教化獎與績優宗教團體獎
肯定靈鷲山以宗教安定人心

↑靈鷲山佛教基金會獲二○一五年內政部績優宗教團體獎。

靈鷲山無生道場與靈鷲山佛教基金會、世界宗教博物館發展基金會，分別獲新北市政府與內政部頒發「社會教化獎」及「績優宗教團體獎」，肯定靈鷲山以良善的宗教力量，讓大眾心靈安定。

靈鷲山無生道場於「二○一五年新北市績優宗教團體興辦公益慈善及社會教化表揚大會」中，第十一度獲得「社會教化獎」。靈鷲山積極與在地貢寮區連結，包括獨居老人照顧、不定期辦理地方義診、捐贈救護車供地方醫療中心使用、捐贈營養午餐及興建教職員宿舍經費予福隆國小……等；社會發生重大災難時，也持續為傷亡者與醫護人員祈福，安定人們的心靈。

靈鷲山佛教基金會與世界宗教博物館發展基金會則於「二○一五年宗教團體表揚大會」中，分別獲內政部頒發「績優宗教團體獎」。靈鷲山佛教基金會以「生命服務生命，生命奉獻生命」的精神，在生活中實踐佛法的正知正行，發揮宗教對社會人心的影響。以「尊重每一個信仰、包容每一個族群、博愛每一個生命」理念創設世界宗教博物館的世界宗教博物館發展基金會，常年舉辦各項宗教與生命教育的展覽、課程與國際宗教交流合作，幫助民眾拓寬多元文化視野，促進宗教和諧與心靈提升，獲得社會肯定。

第二十二屆水陸空大法會
以大悲十心打水陸

↑殊勝的水陸法會，是一年一度洗滌心靈的盛會。

　　一年一度佛教最殊勝莊嚴的盛會「靈鷲山第二十二屆水陸空大法會」，於八月十九日在桃園巨蛋體育館正式啟建。八天七夜的水陸法會佛事，集合無數的願力，為國家社稷祈福、為祖先亡靈超薦，也祈願臺灣平安、世界祥和。

　　外壇（梁皇大壇）於十九日晚間灑淨，法師帶領僧眾遶行體育館，以大悲法水遍灑法會場地，營造神聖清淨的修法空間；體育館外，靈鷲山邀請桃園在

地十九間宮廟一同參與「宗教祈福會」，大眾圍繞「平安」兩字為題的心型祈福燈，以心燈為世界祈願。

水陸法會啟建第二天，適逢農曆七月初八為佛教六齋日之一，特別禮請緬甸仰光全國上座部國立巴利大學校長鳩摩羅尊者（Ashin Bhaddanta Kumara），於外壇為與會善信正授八關齋戒，並以「滴水功德」儀式迴向法會期間諸事圓滿，祈求天下無災吉祥、人心和合無礙。

水陸法會內壇的「結界」儀式，於第四天凌晨兩點正式啟壇，大眾身搭海青、心懷虔敬，依序進入內壇。心道法師開示：「結界的關鍵在『心』，即是轉凡成聖的關鍵。參與法會當提起真心，如法如儀進行結界，只要真心，必蒙感應。」

二十四日啟建齋僧法會，禮請鳩摩羅尊者為主法和尚，內、外壇法師、密壇仁波切三乘法脈齊聚一堂。當日傍晚舉行「幽冥戒」佛事，心道法師期許大眾攝心正念，在諸佛菩薩的佛力加持下，讓自身與六道群靈都能獲得清淨戒體，成就殊勝圓滿的清淨戒會。

為了感謝桃園在地警察單位守護水陸法會平安進行，心道法師特別於二十五日致贈感謝狀予警察單位。當日的「愛心贊普」活動，也將眾人匯集的愛心物資捐贈給桃園地區的慈善團體及中低收入戶。

水陸法會送聖圓滿法儀，於二十六日上午「圓滿香」召告水陸法會圓滿開始，隨後「送判宣疏」，最後「送聖」儀式恭送諸佛菩薩和靈界仙神回到法界真境，引領歷代祖先、冤親債主，以及十方無盡眾生、亡靈孤魂，跟隨諸佛菩薩共乘西方船「靈鷲二十二號」趨往極樂，靈鷲山水陸空大法會至此圓滿。心道法師開示：「送聖的本意是返回真心自性，讓心回到原點、回到覺性的聖境。我們要以慈悲心為根本，以大悲十心來打水陸，送聖時更要一心專念，以恭敬心奉持儀軌。」心道法師並期許大眾帶著「大普施」的正念回到日常生活中，勤守五戒、常行十善，以慈悲心關懷一切眾生，把觀音菩薩度化眾生的悲願，透過覺醒與實踐在生活中延續。

水陸法會是三德圓滿的生命教育
心道法師於水陸送聖開示

↑水陸法會圓滿送聖，以法相會共成佛道。

二〇一五年的水陸法會又到了送聖的時刻，八天七夜的法會即將功德圓滿，大家的辛勞也有了成果，應該感到身心輕安、法喜充滿。感謝大家的用心參與，也感恩各位善信志工的護持，以及各位法師對每一場佛事如法如儀的奉行、引領大眾，才能圓滿這場吉祥的大齋勝會。

送聖就是「奉送十方法界、四聖六凡，齊返真境」，四聖是「聲聞、緣覺、菩薩、佛」；六凡是「天、人、阿修羅、餓鬼、畜生、地獄」。送聖就是讓祂們各就各位、各歸各處。凡聖本來齊同，迷悟只在一心，達摩祖師是這麼說：「聖人種種分別，皆不離自心。」一切眾生的本來面目都是神聖的，每一個人都具足佛性，只是我們含糊掉了，找不回來。因此送聖的本意是送返我們的真心自性，讓心回到原點、回到覺性的聖境。

我們以慈悲心為根本，以觀音十心來打水陸，送聖時大家更要一心專念，以恭敬心奉持儀軌，對法界境，起法界心，發普賢願，禮敬十方，恆順一切，

↑ 愛心贊普活動實踐救苦解難的菩薩行。

每一位眾生都是未來佛，所以我們要至心恭請十方聖凡歸登雲路、往生淨土，最終齊返毗盧遮那的自性大海。

我們能夠在娑婆世界聽聞佛法是很大的福報。《無量壽經》提到，在娑婆世界修行是「為德立善，正心正意，齋戒清淨一日一夜，勝在無量壽國為善百歲。」娑婆世界之中三毒相擾、五欲隨身，能在娑婆世界克服種種的障道因緣來發心學佛，自然遠勝極樂世界的善業功德。所以在娑婆世界修行，可以說是成佛的速成班。

在娑婆世界中，水陸法會又是極為殊勝的修行法門，水陸法會是集合大眾慈悲願力與福德因緣的殊勝緣起，也是師父塚間修行時的初心本願。二十二年來我們不間斷地舉辦水陸法會，年年成就三種功德力：恩德、斷德、智德。

恩德是指感念眾生恩。每年參加水陸，就是為了感恩報答生生世世一切如父如母的有情眾生，讓他們能夠具足學習佛法、出離輪迴的福德因緣，也是盡最大的孝道。我們要感恩這場法會所有的參與者，每年都有將近一、兩千位的志工為大家服務，讓我們能夠好好修習，在這裡轉換、淨化生命的能量。

我們要感恩這裡的一切，要時時以聞法為樂、以法為主。二十幾年來，師父每年都為講法傷腦筋，讓大家能夠帶著法回去，而不是帶煩惱回去。大家來這裡跟師父學習，回去以後，一整年都可以運用在水陸法會所學習到的法，過好的生活，善業具足、事事如意，因為在水陸法會所學習的佛法，能夠圓滿自己的福德因緣。

斷德指的是斷捨一切的煩惱。在水陸期間一切處所生起的煩惱、不善的心和種種過失都不要帶回去，最好趁今天把它消化掉、丟掉。水陸就是一場朝聖，朝聖時，要放下身心靈一切的罣礙跟貪著。水陸法會也是一樣，要把水陸當作朝聖跟修行，要斷除在水陸法會一切不善的心，最重要的就是盡孝道、學習佛法。生活中人與人之間的相處不免會有種種的問題，身為佛陀的弟子、師父的弟子，要學習如何消融煩惱，遇到所有的問題，都要在法上用心。在人間學佛好過生為天神，因為大家可以在這裡受戒、持咒、誦經、拜懺，斷除自身煩惱的業障。學佛的目的，就是斷除煩惱，就是淨業相續、善業相生。

智德，藉由參與法會，親近佛法，通達一切因緣法畢竟空寂，才能真正覺悟人生、奉獻人生。

大家跟著師父二、三十年，要把傳承做好，把子子孫孫都帶來做佛法的繼承。今年在水陸現場，我們看到了靈鷲山的慧命傳承，許多小朋友拿著功德箱，不停地號召大家一同關心修護華藏海；不少年輕人在法會現場做志工，有的在外壇服務，有的拿著麥克風介紹四期教育的內容跟精神理念，這些生命的能量展現，讓師父看到靈鷲山的傳承，也看到靈鷲山未來的希望。

常常參加水陸的菩薩們，每年參與水陸的過程有什麼覺受呢？每年是不是歡歡喜喜、高高興興的？學佛是要學智慧、學慈悲。我們有沒有容量？有沒有慈悲心？這些都是要反省的，不是快快樂樂地來，然後快快樂樂地回去而已，我們一定要在這裡學習到什麼。在這裡有師父、法師跟大家講法，這些對我們的生活都很有幫助。煩惱是不是減少了？生活修養是不是提升了？在法上是否有進步？

第一次參加水陸法會的菩薩，可能覺得為什麼佛事那麼長，誦念經典的聲音為什麼拖得那麼久？事實上，急促對修養沒有好處，慢慢、慢慢地唱誦，才

能心平氣和。師父為了讓大家心情平和,感受到禪修的氛圍,能夠安定,所以靈鷲山的法會,每一個地方、細節,都是相當著重心平氣和,如此才有戒、定、慧的功能。或許有些人有什麼緣故而無法攝心,但無論如何,參加水陸都要記得慈悲與禪的實踐,心要用禪來調伏,不生起伏。

世間無常苦空,大家要精進學佛,要有正見、正思惟,修行才能有成就。今生所有的記憶都會帶到來生,所以必須把今生好的記憶,好好地傳承到來生。水陸法會是自利利他,自己得到好處,也要把好處告訴其他人,讓更多人來參加水陸、跟師父參學佛法,然後回去再慢慢運用。

「空花佛事時時做,水月道場處處建」,任何事物都是無常的。水陸在八天前熱熱鬧鬧地起壇,今天圓滿送聖後,什麼都沒有了,這裡是體育場,再也不是水陸法會。一切就是這樣,哪裡都可以是我們的道場,可是哪裡都是無常,大家不需要執著跟貪戀。

水陸法會即將在送聖佛號中圓滿,大家回去之後,要把在水陸中學習到的佛法,尤其是師父的禪修,精進不懈地落實在日常生活中。今年開始,我們在全臺講堂開啟四期教育的「快樂靈鷲人大學習」課程,四期教育是什麼?就是要清楚地知道成佛之道是怎麼走的,也就是帶領大家有層次地學習佛法,然後到達成佛的境地。

大家不論在國內、外都要有學習的精神,因為唯有成佛,才能度眾生。成佛做的事情是什麼?觀念要對、行為要對,要有長長遠遠的志業,也就是慈悲喜捨的志業。四期教育就是告訴大家,怎麼樣有好的觀念、正確的觀念,能夠一直延續到成佛。大家不要懶惰,不要覺得自己命很好,再好的命如果不學,沒有把觀念弄好,都會墮落。好在大家都來師父這邊學習四期教育與禪修,只要有時間就要充實自己,讓自己得到佛法的滋養。所以要讓禪跟四期教育的理念,精進、不懈怠地落實在生活中。現在全臺講堂都開設阿含課程,從基礎的佛法教授,讓大家進入正確的佛法修學次第;未來也會陸續開設般若、法華、華嚴的課程,希望大家努力,有機會就學。四期教育學好了,就能擁有智慧、福氣和多元和諧的人生。

師父現在在跟時間賽跑,要把對佛法的體會傳給大家,讓大家在生命中歡

喜受用，永遠地傳承下去，不辜負佛陀、不辜負大家的護持。水陸是觀音菩薩建立的大方便、大慈悲，也是師父這一生為大家啟建完整生命教育的場域，用這樣空性的壇城把大家聚在一起，以法相會、以心印心，用慈悲心做宇宙大連結，成為大菩提心的能量場，循環不已、生生不息。希望大家接引更多水陸的有緣人來共修、來學習，來讓自己跳脫輪迴，大家都能夠發願成佛。

非常感恩各位大德菩薩們，阿彌陀佛。願大家事事順心、身體健康、心想事成。明年我們再相見。

↑桃園在地各宮廟人員在「宗教祈福會」中，祈求世界無災無難。

榮譽董事「與師有約」
持〈大悲咒〉累積成佛資糧

　　第二十二屆水陸空大法會期間，心道法師於桃園巨蛋體育館與榮譽董事進行一場「與師有約」聯誼。心道法師來到會場便一一問候並鼓勵大家：「榮譽董事會是靈鷲山的智庫，也是推動善業的領頭羊，更是安定社會的催化劑，希望各位能繼續護持下去，一起推動愛與和平，從禪走到慈悲，從慈悲走向和平。」

　　靈鷲山榮譽董事會成員遍布全球，長期以來跟隨心道法師腳步弘法利生，護持教團志業不遺餘力，不但事業有成且發揮愛心回饋社會，種種德行善舉，為自己也為家人累積成佛的功德善業。

　　心道法師每日皆持〈大悲咒〉一千五百遍到兩千遍，忙碌時，也會要求自己持到一千四百遍；二〇一四年重返墳場閉關五十四天，更以持誦〈大悲咒〉迴向眾生。心道法師以此鼓勵榮董多持

↑榮董與師聯誼，齊心護持靈鷲山各項志業。

〈大悲咒〉，累積自己的福德資糧，因為〈大悲咒〉是觀音菩薩的事業咒，也是啟動成佛的咒。除此之外，心道法師也以誠摯的心邀請榮董一同發願修復華藏海大殿：「重新修復的華藏海一樓將成為『圓通寶殿』，以禪修為主，請大家繼續護持，隨心隨喜讓華藏海再展新貌，接引更多有緣人來禪修。」

推廣美好生命與世界和平
靈性大師古儒吉訪心道法師

↑ 靈性大師古儒吉（前排右一），於靈鷲山水陸法會期間拜訪心道法師。

　　來自印度並享譽全球的靈性大師古儒吉（Guruji, Sri Sri Ravi Shankar），於靈鷲山水陸法會期間前來法會現場拜訪心道法師。兩位大師具有共同的和平理念，作為同樣倡導靈性修行的宗教師，兩人的會面也為水陸法會與世界和平，給予最大的祝福與祈願。

　　古儒吉進入水陸法會內壇即感受到殊勝莊嚴的能量，心道法師除了為其介紹水陸法會的意義之外，也對古儒吉表示：「印度的慶典，唱歌跳舞很熱鬧，但是在熱鬧中也很有次序，雖然在文化上的表現不同，但精神意義卻是相

同。」心道法師特別致贈念誦一百萬遍〈大悲咒〉所加持的五色旗給古儒吉，古儒吉也親自邀請心道法師參加二〇一六年由「生活的藝術基金會（The Art of Living）」舉辦的「世界文化節」。

　　古儒吉與心道法師都曾在二〇〇五年獲得由印度推動宗教交流的伊斯蘭教組織「宗教交流和諧基金會（Interfaith Harmony Foundation）」頒贈「穆提拉尼赫魯和平・包容和諧獎（Pt. Motilal Nehru National Award for Peace, Tolerance And Harmony）」，古儒吉積極解決貧窮、走向生活藝術；而心道法師則提倡心靈淨化、開展生活禪的生命，兩位大師對於推廣美好生命與世界和平的志業不遺餘力，乃為此生的終生事業。此次古儒吉蒞臨水陸法會，對於心道法師的弘法志業更是彼此間相惜之心的展現。

玖月
September

北京龍泉寺世界和平法會
以宗教力量促進世界和平

↑心道法師受邀出席中國北京龍泉寺啟建的祈禱世界和平法會。

　　心道法師受邀出席由中國宗教界和平委員會與中國佛教協會聯合於北京龍泉寺舉辦的「海峽兩岸暨港澳佛教界紀念中國人民抗日戰爭暨世界反法西斯戰爭勝利七十週年祈禱世界和平法會」，與兩岸四地佛教界代表及各地信眾一同誦經祈禱，祭奠在抗戰中犧牲的英烈，並祈願以宗教力量消除戰爭、化解衝突，促進世界和平。

　　中國佛教協會會長學誠法師於法會啟建前宣讀「中國宗教界和平文告」，文告中指出，戰爭造成人類傷亡與犧牲，唯有和平才是各宗教的共同關切和渴望，呼籲應繼續發揚宗教以和為貴、中道溫和的優良傳統，重視不同文明與宗教間的對話，並提倡平等包容、交流互鑒、求同存異、和平共處等主張。

　　長年致力於和平交流的心道法師，對於這場為紀念抗戰勝利七十週年而舉辦的和平法會表示：「我們要感恩這些奉獻生命的先烈，由於他們的犧牲，我們現在才能過安樂祥和的生活。所以，和平是我們要持續努力去做的志業。」

宗博館暨新北市分院普度法會
以善相聚　以法結緣

　　世界宗教博物館聯同新北市分院，與鄰近的永和東家創世紀大樓，及捷和生活家社區，連續第十四年舉辦慶讚中元普度法會，新北市分院的法師、志工菩薩與社區居民，以善相聚、以法結緣，共同祈求社區平安無災。

　　社區民眾虔誠祈禱，緬懷歷代祖先、濟度六道眾生，透過法會儀軌，每位參與法會的信眾得以熏習佛法、反省懺悔，將佛陀的悲心慈念帶回生活中。

　　法會在法師領眾遶佛結束後即告圓滿，祈法會功德護佑家人、澤被蒼生。

↓虔心祝禱地方居民安穩平順、所求如願。

央金拉姆拜會心道法師
從禪修找回真正的自己

　　首位中國籍葛萊美音樂獎得主的央金拉姆，偕同夫婿及對禪修有興趣的朋友，前來靈鷲山拜會心道法師。心道法師於開山聖殿前為大眾開示：「禪修就是認識自己的心，如何參透自己的心就叫做『禪』。佛法說一切皆空，沒有空的智慧，就不是智慧；沒有空，就不會消除煩惱。世上沒有一樣東西不是無常，沒有一樣東西是永恆不變，所以學佛就是學習無常。」

　　央金拉姆認為現代女性要內外兼顧，更需要靠禪修去創造自己的一片天，找到真正的自己，找回女性充滿愛和慈悲的能量，而透過修行，她找到了真正的自己。「快樂不在外面，在自己內心，從內心找到快樂，找到真正的自己，才會認識真正的快樂，不會人云亦云地到處追求。」

　　心道法師以平安禪帶領大眾進入清淨自在的覺受中，享受與自己心靈的對話，看見自己的心；禪修後，央金拉姆在寧靜的磁場中，以天籟般的梵音吟唱〈綠度母咒〉供養大眾。心道法師最後送給貴賓一句禪意雋永的話：「要好好地參你的覺是什麼，每人都有，我們天天使用它，時時使用它，無時無刻都是它在作主，你想煩惱，它就給你煩惱，你想快樂，它就給你快樂。」

←大眾在開山聖殿前席地而坐，與心道法師進行輕鬆自在的靈性交流。

愛與和平——書藝創作展
用藝術推動愛與和平

↑以不同書藝創作「愛」，寫出心目中的「愛與和平」。

世界宗教博物館與李義弘教授、臺灣海尾藝術學會共同舉辦「愛與和平——書藝創作展」。展覽因緣來自於心道法師墨寶「愛與和平」，希望藉由臺灣跨世代多位書畫名家寫下的不同創作展現，讓愛與和平以當代藝術「傳燈」。

宗博館創辦人心道法師特別書寫「愛如花如種」墨寶共襄盛舉，希望愛如花一般地開放，如種子一般地散播出去；特展另邀請包括一百零一歲的水墨大師張光賓以及多位新生代書法

● 「愛與和平——書藝創作展」系列活動表

日期	活動名稱
10/17	愛的百分百進行式——愛的行動藝術
10/24	毛毛魔法筆——親子的創意書法課

家，透過世界宗教經典中的箴言法句，以書法為藝術與創意的表現。

心道法師於特展開幕會上表示：「靈鷲山是以『慈悲與禪』共創『愛與和平』，很多人問我，禪是什麼？禪就是心，是從心出發的閒暇自在，只要人心寧靜和諧，世界就會和平，希望大家共同推動愛與和平。」宗博館館長陳國寧也非常感謝書畫名家的參與，希望藉由宗博館來推展「愛與和平」，共創美好和諧的社會。

佛教興隆　代代傳承
武漢報恩寺萬佛塔開光大典

心道法師受邀前往中國湖北武漢，出席報恩禪寺旁的萬佛寶塔落成灑淨開光大典。報恩禪寺為心道法師的傳法和尚——本煥長老剃度出家的寺廟，為感念長老當年的傳法之誼，心道法師特別前往參與勝會，以感恩之心頂禮長老舍利。

多年前本煥長老希望在禪寺旁興建寶塔以利眾生，作為佛法傳承的重要指標，終在深圳弘法寺方丈印順法師、香港旭日集團總裁楊釗居士及各方努力下，於今竣工落成。寶塔高一百零六公尺，取自本煥長老以一百零六歲高壽捨報紀念，塔內供奉萬佛及長老指骨舍利，以利後世佛弟子頂禮禮拜。

二〇〇七年心道法師於弘法寺承接本煥長老臨濟宗法脈，對於長老的感恩與懷念，心道法師以此萬佛寶塔利益眾生的因緣，為佛教的興隆與傳承注入一份廣大願力：希望培養佛教人才的寶地，能孕育出代代相傳的佛門龍象，傳承佛法、利益眾生。

↑ 心道法師 (左二) 受邀至湖北武漢報恩寺，為萬佛寶塔落成灑淨開光。

拾月
October

美國愛與和平弘法行

撒播和平種子　慈悲轉化世界

↑世界各宗教領袖及代表共聚一堂，為地球和諧共榮祈福祝願。

　　心道法師率世界宗教博物館團隊前往美國參加在鹽湖城（Salt Lake City）舉行的第六屆世界宗教大會（Council for Parliament of the World Religions, CPWR），期間，舉辦一場回佛對談。之後心道法師轉往紐約，分別在聯合國總部召開一場回佛座談，並於紐約法拉盛喜來登酒店主持「千燈供佛大悲觀音祈福法會」及參與「愛與和平義賣餐會」。

　　世界宗教大會為歷史最悠久、規模最大，不同信仰與傳統間最具包容性的跨宗教會議。心道法師自一九九九年起，連續四屆受邀出席。本屆大會，心道法師名列大會九位重要講者之一，並受邀於開幕式中代表各宗教念誦祝禱文，向世人宣說心和平的理念。

開幕隔日一早，心道法師於會場帶領一場晨間禪修，不少各宗教信仰者踴躍參與，並於結束後提問，心道法師為參與者解釋現代人為何需要禪修，以及禪修的觀念和方法。

大會期間舉辦的回佛對話論壇，邀集多位長期投入跨信仰工作的穆斯林神職人員、學者和組織創辦人與其他宗教學者，分別以「療癒戰爭、仇恨與暴力的傷痕」及「找回地球神聖性」等主題，分享各自的努力與經驗。心道法師指出，衝突與戰爭之所以產生，是因為失去心中的慈悲：「如果能夠體認『相依相存的慈悲』這份力量，就會引導我們尋找方法並發現多元共生的本質。大眾一同從『心』做起，就能創造生命的安定，帶動世界走向和平。」心道法師強調，只要伸出雙手彼此合作，宗教對世界的和平便具有強大的力量。

第六屆世界宗教大會圓滿閉幕後，心道法師應美國聯邦中東和平組織（United States Federation for Middle East Peace, USFMEP）主席Sally Kader邀請，前往聯合國總部與紐約伊斯蘭文化中心學者Imam Shamsi Ali，進行另一場的回佛對談。

二十四日，心道法師在紐約法拉盛喜來登酒店主法「千燈供佛大悲觀音祈福法會」，傳授觀音法門、授皈依戒。傳法後大眾共修〈大悲咒〉，以此功德迴向世界消弭戰亂與災劫。

長年推動「愛與和平地球家」教育理念，為世界和平貢獻心力、國際和平行腳遍及全球的心道法師，此次於美國的愛與和平弘法行程，不僅將觀音法門弘揚至美東；跨宗教的會談也成功將「心和平，世界就和平」的理念推廣到全世界，獲得世界各宗教領袖的敬重。

↓靈鷲山馬來西亞青年團團員以「劍鼓禪心」表演與來自世界各地的青年領袖交流。

找回心中的地球家

心道法師於第十四場回佛對談演說

↑ 第十四場「回佛對談」，以「找回心中的地球家」進行對話與討論。

各位在座的朋友們，大家好：

和平是重要的當代課題

如何轉化衝突是我們一直很關心的問題，最近在歐洲發生的難民問題也讓我很心痛，我希望每一個人都能擁有和諧的生命，不要因為戰爭或衝突而流離失所。多年來，我透過禪修教學、宗教對話與合作，來推動和平。希望我們今天能夠一起來找到有效的方法，使世界和諧。

和諧共生是世界的本質

從小，我就出生在充滿戰亂的緬甸北方村莊。童年時，也加入過軍隊，一直很能體會戰爭所帶來的慘痛。雖然戰亂的記憶一直留在我的心裡，但也記得在緬甸，人和自然、人和人之間總是保持和諧共生，那個畫面非常美好，是生命和平的面貌。如果戰爭為我們帶來傷痛，我們就要積極尋找方法，獲得真正的和平與和諧。

愛與慈悲是和平的源頭

當我來到臺灣，做了佛教的和尚，一直感受到觀世音菩薩救苦救難的慈悲精神，這就是我依止的力量，不斷地持續到今天。衝突與戰爭之所以產生，是因為失去了心中的慈悲。利益衝突和自我主張，造成嚴重的對立。如果能夠體認「相依相存的慈悲」，這份力量，就會引導我們尋找方法來發現多元共生的本質。

禪修啟動內在轉化的力量

禪修，是培養慈悲的最好方法。過去我在黑暗的山洞裡閉關時，雖然山洞裡只有我一個人，但是在平靜無爭的覺受裡，生起了廣大的慈悲心，也是每一個宗教都有的愛心。

當我們透過禪修，讓心安靜下來，就會有慈悲和愛心，這份慈悲，會變成種子，來轉變、療癒我們內在的不安，更會讓我們積極來關懷每一個生命，引導世界從衝突對立走向和諧共生。

全球和平之路，連結跨宗教友誼

生命就是和諧、安定的，是衝突破壞了原本的和諧。「生命共生和平」的觀念是非常重要的。為了推動這個觀念，我們從一九九四年起，開始到世界各地做宗教交流，希望與各宗教的朋友建立友誼的橋樑，共同用愛與慈悲來關懷我們的世界。

我們到過俄羅斯，拜訪東正教、薩滿教和藏傳佛教，商討如何連結彼此，一起推動愛與和平；我們也前往過以色列，感受了那片土地的神聖與傷痕。我們與許多猶太教、伊斯蘭教的朋友成為夥伴，承諾共同創造和諧的地球家。宗

教講的就是愛,就是慈悲。在九一一事件發生的前一年,我們也曾與不同宗教的朋友,在聯合國和平高峰會為和平祈禱,希望用愛與慈悲引導和平的未來。和平之路,就是友誼與夥伴之路。如果我們能一同從「心」做起,就能創造生命的安定,帶動世界走向和平。

連結宗教合作,邁向和諧共生

宗教之間的合作是力量很大的,我們可以一起為世界和平與宗教和諧祈福;我們也可以在世界發生災難時,一起合作來做實質的幫助。世界是一個多元共生、相依相存的生命共同體,這種生命和平、地球平安的工作,只要我們隨時去做,就一定會產生正面的效果。

生命和平教育,創造愛、和平、地球家

目前,在緬甸北方臘戌地區,我們也正在開始推動一個「和諧共生」的「生命和平教育」基地。陸續會建設孤兒沙彌學院、國際禪修中心、慈善醫療和有機生態農場,希望把生命和平的想法,落實在教育扎根上。

讓我們一起為療癒戰爭、仇恨和暴力的傷痕來努力,共同認知相依相存的生命共同體,找回我們愛與和平的地球家。祝福大家。

兩岸佛教慈善公益形象活動
分享靈鷲山慈善救援行動

靈鷲山受邀出席鳳凰網於廈門會展中心舉辦的「二〇一五守望悲心——兩岸佛教慈善公益形象主題活動」，靈鷲山「愛與和平地球家（GFLP）」秘書長淨念法師代表心道法師出席。

淨念法師於開幕式上代表心道法師致詞：「現在有許多災難都是因為宗教團體的發起而得到救助，身為佛教徒，作為救助者，大家要常常反省自己的慈心善行，是不是受助者真正需要的？反省在互動中如何低調行善，用謙卑、柔軟的心，把愛的暖流留在他人心中。」

↑靈鷲山受邀出席「兩岸佛教慈善公益形象主題活動」。

隨後，靈鷲山慈善基金會秘書長黃秀敏詳細介紹當前慈善基金會的運作情況，包含尼泊爾災後醫療重建合作、緬甸洪災醫療團義診等，這些即時且持續的慈善救援行動，讓靈鷲人與眾生結下深厚善緣，也為世界帶來無限溫暖與希望。心道法師曾開示：「別人的災難就是我們的災難，當災變發生時，要以正面、積極的態度去關心與愛護，並以實際的作為，解決眾生當下的痛苦。」

尼泊爾醫院院長訪靈鷲山
深化兩國重建與醫療合作

　　二〇一五年四月尼泊爾大地震造成嚴重災情，靈鷲山慈善基金會與臺灣健康服務協會合作組織醫療團，於第一時間前往賑災，並提供診療服務，至今仍持續推動在地長期醫療合作計畫。尼泊爾當地合作夥伴Manmohan教學醫院院長Ram，偕同夫人Arunima Shrestha，特地前來臺灣拜訪靈鷲山慈善基金會，並參訪無生道場及世界宗教博物館，深入了解心道法師的慈悲願力。

　　「佛陀庇佑，在我國發生的大地震反倒是轉機，促成臺灣與尼泊爾間更緊密的合作。非常感謝臺灣，在我們最需要的時候，即使餘震不斷，仍堅守醫院治療災民。」除了表達來自尼泊爾的謝意之外，Ram院長也特別提到，透過與靈鷲山慈善基金會的合作，深深敬慕心道法師的願力，加深他決定與靈鷲山長期合作的想法，為促成此次前來臺灣與靈鷲山慈善基金會進一步合作交換意見的因緣。

↓尼泊爾 Manmohan 醫院院長 Ram（右三）偕同夫人拜訪靈
鷲山慈善基金會，感謝於四月尼泊爾強震時給予的協助。

博物館與文化國際學術研討會
強化專業人才交流與發展

中華民國博物
館學會、國際博物
館學委員會亞太分
會主辦，世界宗教
博物館、國立臺灣
藝術大學合辦的
「博物館與文化國
際學術研討會」，
於世界宗教博物館
舉行。研討會邀集
全球十二個國家的
專業人士進行學術

↑ 國際博物館界的菁英齊聚一堂分享經驗，提供寶貴的專業經驗。

研討，藉由專業經驗分享，共同研擬計畫培訓博物館人才，並強化國際間的合作網路。

世界宗教博物館館長陳國寧，亦為國際博物館學委員會亞太分會副主席、中華民國博物館學會副理事長，在開幕會上致詞表示：「規劃這次研討會的動機，主要是亞太地區博物館需要與國際博物館同步發展，除了延續自身的文化傳統，更需要與西方文化做一交流溝通，藉由各博物館界夥伴的經驗分享，推動區域整合資源與合作，共同促進亞太地區博物館人才專業發展。」

世界宗教博物館當天並安排一場導覽，許多博物館專業人士對於心道法師在二十幾年前便致力奔走於各宗教間，將「尊重、包容、博愛」的理念傳達給大眾，以及促進各宗教的和平對話感到讚歎與佩服。

毗盧觀音灑淨開光聖典
普陀連靈鷲　觀音法脈再連結

心道法師於觀音菩薩出家日（農曆九月十九日）前夕，帶領靈鷲山全球逾二百位四眾弟子前往中國浙江普陀山普濟寺圓通寶殿，與普濟寺方丈道慈法師一同為即將迎請來臺的毗盧觀音舉行灑淨開光儀式。

自二〇一一年普陀山毗盧觀音安奉靈鷲山，正式締結兩岸觀音法脈道場；二〇一三年靈鷲山多羅觀音跨海安座普陀山梵音洞，為兩岸佛教交流另寫歷史新頁。此後兩岸佛教交流因觀音菩薩的連結更加頻繁與密切。

靈鷲山無生道場華藏海於今年六月發生祝融，毗盧觀音火焰化紅蓮，普濟寺方丈道慈法師為此於七月專程前來與心道法師商討毗盧觀音再赴靈鷲山，安奉於華藏海「圓通殿」事宜。

↑毗盧觀音開光大典於浙江普陀山普濟禪寺圓通寶殿啟建。

開光儀式圓滿，道慈法師致詞表示：「普陀山與靈鷲山同屬禪宗法脈，同奉觀音信仰，自毗盧觀音及多羅觀音交流後，兩岸信眾更加虔誠禮拜觀音菩薩。今日舉行毗盧觀音開光法會，毗盧觀音將赴臺供奉，這是兩岸佛教交流史上的又一新頁。」道慈法師亦代表普陀山佛教協會捐贈一百萬人民幣，贊助靈鷲山圓通殿修復工作；心道法師回贈曾代表臺灣參加捷克國家博物館展出的交趾陶香爐，象徵兩岸法脈相傳、相互傳承的含義。

心道法師表示：「道慈大和尚捐贈毗盧觀音，代表普陀山與靈鷲山的連結具有歷史意義，這也是一項重要且長久的記憶，記憶著普陀山跟靈鷲山在觀音傳承上的連結，也帶動了全球信徒的觀音信仰文化。」

雲臺佛教界座談會
三乘法脈多元共存

　　心道法師受邀參與由雲南省佛教協會主辦，於雲南圓通禪寺進行的雲臺佛教界座談會。會中三乘法師齊聚一堂，顯現雲南三乘法脈共存的豐富多元性。

　　座談會首先由雲南省佛教協會會長刀述仁介紹雲南佛教概況，並希望從雲南做到連結亞洲地區佛教界的友好交往，讓國家經濟、社會在和平的環境下穩定發展。

　　心道法師則提到，面對世界的挑戰，社會需要更多心靈的健康，而儒釋道文化是中國最大的文化資產，「現在要做的就是把文化裝臟到每個人的內心，以儒釋道文化恢復人心的良知與道德。」此外，心道法師也分享自身多年來的宗教交流經驗：「三乘都是佛陀留下來的遺產，我們要珍惜、要團結，不能排斥對立；佛教團結了，也要團結各宗教，世界是多元共生，不管生態或人類都是相依相存，世界宗教博物館要展現的就是這樣愛與和平的理念。」

↓心道法師（左一）受邀出席雲臺佛教界座談會，分享宗教交流經驗。

大悲繞湖　愛護家園
以共修功德迴向地球平安

近年全球各地天災人禍頻傳，造成人心惶惶及社會不安。成立四年的靈鷲山大悲咒共修團有感於此，秉承心道法師的悲願及觀音傳承的願力，發願以行動愛護家園，特別於靈鷲山祖庭寂光寺旁的宜蘭龍潭湖畔，舉辦第一屆全臺大會師──「持誦大悲咒祈願地球平安」活動，靈鷲山四眾一同持誦〈大悲咒〉繞行龍潭湖，迴向龍潭湖為人間聖湖，並藉由正信佛法的力量、穩定人心、促進社會祥和，祈求地球平安。

↑一張張虔敬專注的臉龐，串連起不絕於耳的繚繞法音。

大悲繞湖活動在寂光寺執事大良法師帶領一分禪後，四眾弟子即以恭敬、莊嚴、寧靜的心持咒繞湖，大眾的齊心共願使大悲咒音成為護佑地球平安的最大力量，龍潭湖亦現無量輕安與法喜。活動結行由大良法師將當日持誦五萬多遍〈大悲咒〉的功德迴向地球平安，並將大悲水遍灑、加持龍潭湖，使其成為如實的「大悲聖湖」後圓滿結束。

↑雖然天空陰雨綿綿，但合掌的雙手卻從未放下。

尚在海外弘法的心道法師，特別錄製一段開示期勉所有護法善信：「修觀音法門是現生可以證得的果位，因此持誦〈大悲咒〉要與觀世音菩薩的十種心相應，期望每一位弟子將持誦〈大悲咒〉的十種心實踐在生活上，將慈悲喜捨貫徹於生活中，如此大家都能成為如實的大悲行者。」

第一屆國際青年團團員大會
傳承法脈 推展善業

為了凝聚團員及青年自我成長，於生活中實踐三好五德的精神，發心接引新緣、傳承佛法，靈鷲山國際青年團以「希望啟程」為主題於新北市分院舉辦第一屆國際青年團團員大會。此前於靈鷲山第二十二屆水陸空大法會期間，近百名國際青年團成員已於桃園巨蛋體育館交流各區團推展佛行志業的心得，彼此激勵承擔傳揚佛法善念的使命。

第一屆國際青年團團員大會特別邀請臺北市副市長鄧家基及魏憶龍律師，分享「夢想無限大」的人生經驗。會中亦公布「靈鷲山國際青年團管理辦法」，讓團務推展更加完善；除此之外，青年團總團更規劃多項培訓課程，提供所有幹部與團員共同學習、成長。本屆大會，不克前來參與的馬來西亞青年團，特別錄製一段影片，恭賀第一屆青年團團員大會順利召開。

靈鷲山國際青年團導師心道法師因於美國弘法，也特別錄製了一段影片鼓勵青年團的團員：「大家都是青年團的種子，種子要遍地開花，年輕人要如花般開放、如種般播撒，讓菩提的種子遍地長成。只有年輕人才有辦法，因為你們有活力、有希望、有人緣、有舞臺，到處都會是可以遍地開花、遍地結子的好地方，實踐三好五德，得到『相信因果勤行善，為利眾生具佛法』的好利益。」

↑因為佛法讓青年團員有正能量，這樣的生命態度，就是三好五德的生命能量。

拾
月

拾壹月

November

宗博十四週年館慶
世界宗教和諧 共創心與世界和平

　　世界宗教博物館為慶祝開館十四週年暨世界宗教和諧日，舉辦「光明行——觸動心靈的覺知」慶祝活動，讓大眾體驗以視、聽、嗅、味、觸（色、聲、香、味、觸）五種感官來用「心」參觀，感受生命的美好與博物館之美。

　　心道法師於慶祝儀式致詞時表示：「宗博館十四年來舉辦過許多不同信仰的展覽，希望宗教與宗教間能連結互動，因為我們生存的環境，每一個呼吸都是息息相關，只有彼此尊重、包容、博愛，才能夠多元共生、相依相存，共創美好的世界。」心道法師並邀請大家持續支持宗博館，用愛與慈悲關懷身邊每一個人，讓人性的真善美遍及全世界，成就「愛與和平地球家」的美好願景。

　　隨同心道法師於十月中旬赴美參加世界宗教大會（CPWR）的宗博館執行長了意法師，也與大眾分享宗教交流的成果，並期盼能不分種族、不分宗教，一起走在愛與和平的道路上，共創「心和平，世界就和平」的祥和社會。宗博館館長陳國寧則簡介了宗博館十四年來的展出成果，期許未來能將這座極具生命教育意義，同時也是宗教界的最佳交流平臺做得更好。活動最後，與會貴賓手持愛心燈，跟隨心道法師同聲齊誦祈願文，為人類、世界祈禱，願世界和平、地球平安。

↑ 宗博館十四週年館慶，同時也是世界宗教和諧日，各宗教代表及貴賓齊聚共同祝禱。

武夷山禪茶文化節
心道法師以茶與眾隨機逗教

↑心道法師（右四）與多位禪師藉由喝茶產生的互動，跟大眾分享喝茶的滋味。

心道法師受邀前往中國福建武夷山參加「二〇一五中國大紅袍國際禪茶文化節」，來自兩岸茶業界、文化界、佛學界、企業界的精英，於「茶和天下・福滿人間」海峽兩岸祭茶祈福大典及文化論壇中，包括心道法師的老同學十方禪林方丈首愚法師、武夷山天心永樂禪寺澤道法師、河北柏林禪寺住持明海法師及中國佛教會副理事長明光法師等高僧長老，以茶為媒相聚一堂，一同祭祀武夷茶祖，並與大眾分享「茶」與「禪」。

在漢傳佛教歷史中，茶與禪關係密切，禪宗多有與茶相關的公案，例如趙州從諗禪師「喫茶去」的公案等。透過喝茶看見自己，在喝茶當中清楚覺知，讓身心寧靜也是一種禪修。

心道法師與大眾分享：「禪就是回到本來、回到生活、回到自然、回到一切都圓滿，在喝茶當中放下罣礙執著，產生真誠的互動，自己與自己的互動、自己與大眾的互動，在喝茶中產生和諧的心態。藉著喝茶讓身心靜下、清涼和諧。更重要的是在喝茶的當下看到自己，產生內省的啟示，啟示我們『誰在喝茶？』」

仁認仁波切拜會心道法師
為三金佛加持　更添殊勝法緣

↑兩位大師均以修行度眾為志業，一生為利益眾生而努力。

　　具二十五年實修經驗的不丹當代高僧仁認仁波切，在大弟子南給仁波切、中華國際供佛齋僧功德會理事長陳佳源居士等人陪同下，前來靈鷲山拜會心道法師。

　　一行人先前往下院聖山寺金佛殿，仁認仁波切持咒為金佛殿祈福，並將隨身攜帶的哈達獻給三金佛，給予金佛殿加持與祝禱；隨後前往上院無生道場拜會心道法師。仁認仁波切與心道法師都是具有慈悲加持力的成就者，一生為利益眾生而精進用功、毫不懈怠。兩位成就者此次會晤相談甚歡，讓靈鷲山再添一筆殊勝法緣。

洛桑龍達金剛上師訪心道法師
唐卡講座分享繪畫與修行

中國十大唐卡畫師、熱貢畫派代表，也是首位在大英博物館舉辦私人唐卡展的當代唐卡藝術家洛桑龍達金剛上師，隨同劍橋國際禮佛訪臺團來山拜會心道法師及參觀世界宗教博物館；龍達上師並於十二月八日在宗博館舉辦一場唐卡講座。

參訪貴賓在宗博館館長陳國寧的陪同下，先後拜訪心道法師及參觀宗博館，龍達上師對心道法師長年不辭辛勞在全球弘法辦道深感敬佩，並表示：「繪畫唐卡的過程便是一種禪定，這和心道法師弘揚的禪修有異曲同工之妙。」認為能夠親自造訪靈鷲山聖境及融合多元宗教的宗博館，是非常難得的體驗。

十二月八日，龍達上師在宗博館的邀請下舉辦一場「唐卡的密訣——大圓滿」講座，以繪製佛陀身相為講授主題，與喜愛唐卡藝術的大眾分享自身如何在唐卡繪畫的過程中修行。繪製唐卡是一種藝術，也是龍達上師的修行方式之一，特別是唐卡製作工藝極為複雜，而在佛像的繪製上更蘊含許多密乘儀式。龍達上師在繪製唐卡的過程中，每一筆畫都以

↑唐卡藝術家洛桑龍達金剛上師（左三）一行參訪世界宗教博物館。

持咒迴向，以清淨心入畫，使其唐卡之作總能讓觀者感染無限慈悲心。龍達上師分享：「唐卡的繪畫讓創作者心境淡定祥和，在唐卡的創作過程中融合天地萬物，是一種讓身心靈和諧的修行方式。」講座圓滿，龍達上師現場揮毫與大眾結緣，期許這場講座能在聽眾心中種下善種子，找到自己心中最美好的生命之畫。

拾貳月
December

阿曼伊斯蘭教展
展現伊斯蘭教寬容、理解與共存

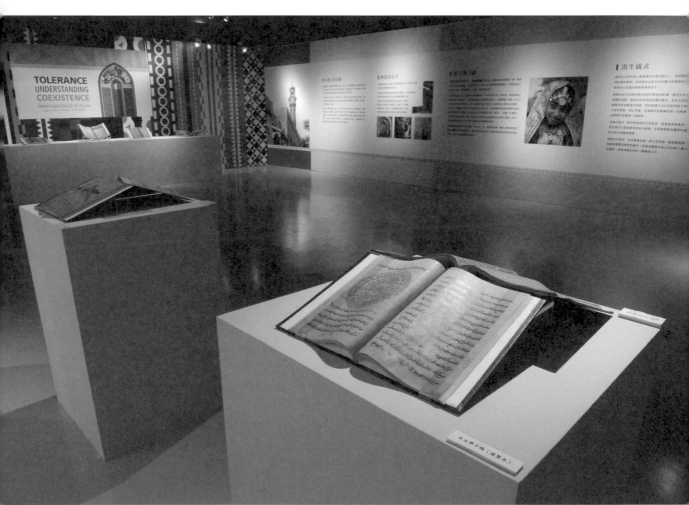

↑通過全球巡迴展覽，推廣宗教的寬容、互信與和平共存。

　　由阿曼政府「宗教基金和宗教事務部」委託德國展示公司Alex Moll Communications, Exhibitions and Media負責世界巡迴展出的「寬容、理解、共存——阿曼伊斯蘭教展」，以圖文形式於世界宗教博物館展示阿曼的美學及工藝，闡揚多元宗教間彼此文化寬容、相互理解與和平共處的普世價值。

　　位於阿拉伯半島的阿曼蘇丹國，簡稱阿曼，國教為伊斯蘭教。阿曼伊斯蘭

教以「伊巴德派」為最大宗,雖然與其他派別在教義上的理解詮釋有所不同,但伊巴德派主張各派別間應和諧共存,以和平的方式表達訴求。

「阿曼伊斯蘭教展」自二〇一〇年起已於近六十座城市展出,展覽主題包含「介紹阿曼蘇丹國的立法與社會發展」、「伊斯蘭教傳播至阿曼的歷史」、「伊巴德派的起源」、「宗教寬容的哲學理念」、「阿曼的清真寺」、「女性在社會及政治中的地位」、「出生及葬禮儀式」、「伊斯蘭教的節慶與日常活動」、「可蘭經的介紹」等;同時也展示《可蘭經》手抄本及天文學手稿(複製本),以及紀錄片《阿曼的宗教包容》。

本次展覽與心道法師及宗博館長年於國際間以「尊重、包容、博愛」的理念推廣宗教對話與交流,實踐「愛與和平、地球一家」不謀而合,也顯示世人對平息戰爭及和平的共同渴望。

● **「寬容、理解、共存——阿曼伊斯蘭教展」系列活動表**

日期	活動名稱
12/19	理解伊斯蘭講座
12/20	寬容 理解——共存市集

緬甸朝聖暨供萬僧法會
禮敬佛法僧　累積成佛資糧

↑禮敬佛法僧三寶，是累積福慧資糧最好的方法。

靈鷲山第十四屆緬甸供萬僧法會於十二月五日到十二日舉行，心道法師帶領海內外佛子，於緬甸仰光、浦甘等地進行供萬僧與朝聖。包含三藏比丘孫倫烏達剌尊者、當地寺院長老比丘、方丈和尚，以及僧侶、八戒女等均前來慈悲應供。

除了以供僧讓四眾弟子廣結法緣與善緣外，在三藏比丘孫倫烏達剌尊者與心道法師的帶領下，朝聖團一行也因緣殊勝地前往南傳內觀大師孫倫尊者的全身舍利供奉處頂禮。孫倫烏達剌尊者除了仔細解說孫倫尊者成就羅漢的事跡外，也傳授「安那般那呼吸法」，期望團員在禪修中證悟佛陀修行教法，早登涅槃。另外心道法師也帶領團員前往舍利廟頂禮佛牙舍利及佛髮舍利，舍利廟的住持比丘以舍利子結緣，期望大家能在戒定慧的持守中，廣發菩提心成等正覺。

歷經八天的緬甸朝聖巡禮，心道法師除了感恩所有參與信眾的護持，也詳細解釋供僧功德與無我布施的循環連結，並向大眾介紹未來靈鷲山在緬甸推展的慈善計畫，以及守護心靈和平的弄曼國際禪修閉關中心。心道法師殷殷叮囑：「人身難得今已得，唯有學習佛法，才能把生命的價值真正呈現出來，供僧就是延續慧命最好的方法，而且如果大家可以每年都來供養一萬個僧人，未來生生世世便能所求如願。」

響應新北市「實物銀行」
匯聚善心 心道法師親贈物資

靈鷲山秉持觀世音菩薩慈悲喜捨的悲願精神，響應新北市政府「幸福滿屋——實物銀行」活動，於冬安居的華嚴閉關法會期間，在靈鷲山下院聖山寺金佛園區舉辦「愛心贊普物資捐贈」儀式，由心道法師親自將各項物資捐贈予新北市政府。多年協助推展靈鷲山水陸空大法會愛心贊普的新北市政府社會局張錦麗局長，特別到場感謝靈鷲山對新北市實物銀行的支持，讓弱勢家庭得以衣暖飽食。

靈鷲山推動「緣起成佛，悲心周遍」的華嚴聖山計畫，希望能夠讓愛心遍滿四方；每年歲末啟建的華嚴閉關法會，即是與諸佛菩薩的智慧及願行相應，祈願多元共生、和諧共處的「華嚴世界」早日呈現。捐贈儀式圓滿，心道法師開示：「大家要學習佛陀做的事情。人與人之間有一畝田，要用善念來耕耘，若人人保有慈悲喜捨、利益眾生的心，愛心滿布的地方就會有無限的快樂。」

←心道法師親自頒贈愛心物資予新北市政府社會局。

南傳短期出家修道會
播下覺悟種子　學習戒定慧

↑在鳩摩羅尊者、心道法師及長老比丘的尊證下，於臘戌曼殊寺院圓滿剃度法儀。

　　二〇一五年靈鷲山「南傳短期出家暨九戒優婆塞、優婆夷修道會」，十二月十六日於緬甸仰光大善園寺（原法成就寺）啟建；隔日，在仰光巴利大學校長鳩摩羅尊者及心道法師的尊證下，於臘戌曼殊寺院圓滿剃度法儀。此次短期出家修道會共有來自臺灣、馬來西亞、中國大陸、香港等地的三十九位佛子前來受戒，其中也包括四位女眾發心前來求受「九戒」，在八天七夜期間，體驗出家人的生活，增德進業、廣發菩提。

　　新戒比丘如法受戒後，接受眾人歡喜供養，開啟清淨修道的僧伽生活：每日念誦經典、坐禪、行禪，並依南傳傳統過午不食；期間也在心道法師的帶領下，前往弄曼大善法禪林，進行為期三天的教法學習與禪修精進，在不同的學習中，累積資糧、長養善根。

　　心道法師期勉所有戒子，在出家期間不戲論、不談是非，用清淨的心，如法如儀地圓滿出家法儀：「大家能夠在緬甸這處依舊保存釋迦佛時期原始儀制的國家接受出家洗禮，是最無上的福田，也是前世修來的福氣。在受戒期間，第一個要生起道心，了脫生死、斷煩惱，到寂靜涅槃、不生不滅的地方；第二要發起無上菩提心，行深般若波羅蜜多來度眾生，才能在無盡的生死裡播下覺悟的種子，在八識田裡種下菩提種。大家要學習在日常生活中離開染著，每個念頭都被戒律引導到正念上，回家之後也能延續清淨不放逸的生活。」

在八天的修道生活中，清淨身口意，
勤修戒定慧，種下覺悟的種子。

泰北弘法行
飲水思源　造福泰北

　　祖籍雲南、幼失依怙的心道法師，因部隊師長張國杞將軍的收留，曾在緬甸度過童年的軍旅生活，之後隨軍隊來到臺灣。本著飲水思源及造福鄉里的心境，心道法師發心協助當地教育及社會的發展。

　　因感念張師長的恩德，心道法師每年都會回到幼年居住的泰北萬養村，探望高齡的「媽媽」張國杞夫人，與老奶奶閒話家常。此次回鄉也特地為萬養村忠貞中學新建校舍進行灑淨儀式，並發願未來在當地興建高中以提升教育品質，培養更多人才。

　　二戰結束後，許多孤軍將士因無法回到故鄉，因此選擇在泰北清邁孤軍最後落腳處「唐窩」落地生根，並在當地建立鐵皮屋頂的忠烈祠。由於年久失修，在各界募款下計畫新建忠魂廟。此行心道法師除了認捐後續工程經費之外，也計畫將忠魂廟推展為教育與凝聚社區的中心，團結孤軍後代。

　　泰北弘法行最後前往邊境帕黨村，為「第三軍三一指揮所」陣亡病故官兵將士牌位灑淨。灑淨儀式結束後，帶領所有村民進行三皈依，為泰北弘法之行劃下圓滿句點。

↑ 心道法師為「第三軍三一指揮所」陣亡病故官兵將士牌位灑淨後，為泰北弘法行劃下圓滿句點。

↑ 心道法師特地回到幼年居住的萬養村，探望高齡的「媽媽」張國杞夫人。

年度
報導

春、冬安居閉關
回歸空性　悟明本心

二○一五年春、冬兩季，靈鷲山開啟各四十九日的安居閉關，百餘位僧眾收攝身心，安住道場，清淨共修。

↑ 全體常住法師於冬安居期間恭誦《華嚴經》乙部。

↑ 靈鷲山首度舉辦春安居四十九日，全體常住法師於法界內坐禪觀心。

春安居以禪修為主；冬安居則包括研戒、華嚴閉關法會與禪21。禪關期間，僧眾以坐禪與行禪收攝自心，而研戒即研討戒律，是從對戒律的探討到回攝日常生活的反觀自照，讓僧眾們提起自覺。每年年底啟建的華嚴法會，全體常住法師恭誦有「經中之王、王中之王」之稱的《大方廣佛華嚴經》八十一卷乙部，以華嚴收攝，從禪的體性走向華嚴的智慧。

禪修，就是找回自己，明白自己的心性。心道法師對僧眾開示：「本來的心性，本來如此，打坐是在涅槃妙心、實相無相的本來面目裡，心念所觸的地方，就是『本來無一物』，四十九天就是要離一切相的這般用功地思惟與精進。」心道法師期勉弟子，在安居期間清楚地知道自己在做什麼、自己在哪裡，並表示：「禪修，就是為了要停心，停心才會找到無所住而生其心的那顆靈明不昧的心。」

離相即法，觀照寂靜
心道法師於春安居入關開示

↑ 安居閉關期間，僧眾於法界內，收攝身心、清淨共修。

　　從去年到今年，我們一直持續在「回歸總本山」，安住在道場、安住在自心，自覺覺他。而且首次有四十九天的春、冬安居精進的因緣，讓我們成為真正的德僧。所謂的德僧，就是要有修行，要有智慧，更要有慈悲心。平常我們往往被習氣帶著走，讓業力迷失我們的本心。所以要成為真正的德僧，這是我們對自己的期許。

　　當我們還未淨化自己的時候，就像在三毒、五毒的垃圾堆裡。在五濁垢染的世間，在三毒、五毒交煎的垃圾堆裡，我們如何找回自己？在生老病死無常的自然現象變化裡，若是不知道出離、不知道修行，我們就只能在垃圾堆裡打滾、掙扎。只有禪修才能夠讓我們從垃圾堆裡找回自己。

　　我們能覺、能知、能明的覺性，本來清淨，沒有垢染、沒有生滅。但因為我們在輪迴裡，長期隨境而轉，所以迷失了本心，隨著一切現象的變化，流浪生死，反反覆覆。我們的覺性本自具足，只是沒有去認識它、明白它，而能夠任持它。今天我們有這個機會以禪修來了生脫死、斷除煩惱，相信經過四十九天的溫養、保任，能夠開啟我們自身的覺性光明。一切的煩惱業障，都是因為不明心性；輪迴生死，都是因為沒有辦法認識本來。禪修，就是找回自己、明白自己的心性的方法。

　　釋迦牟尼佛是禪宗第一個祖師，祂告訴我們怎麼正確地認識心性，並由迦葉尊者接續了這個禪宗的傳承。怎麼接？釋迦牟尼佛拈花，迦葉尊者微笑，以心印心，佛說：「吾有正法眼藏，涅槃妙心，實相無相，微妙法門，不立文字，教外別傳，付囑摩訶迦葉。」不生不滅的涅槃妙心，它的相貌是實相無相，沒有相貌，無生無滅。離語言文字，語言是個現象，文字也是個現象，用語言文字是沒有辦法認識我們的本來面目，沒有辦法認識涅槃，沒有辦法認識妙心。也就是說，涅槃妙心是不生不滅的，它沒有任何的形相，而且不是用語言文字可以了解的。所以禪修，是用正念去認知這個涅槃妙心，而能夠觀自在。我們要能夠自在，就是要認識本心，也就是我們的涅槃妙心。

　　涅槃妙心既然沒有任何的形相、語言，我們要如何契入呢？離一切相就是佛，見相非相就能夠見到如來，見到本來面目。如何離？離心的作用與意識的分別。我是什麼？我是色、受、想、行、識五蘊嗎？五蘊是抽象、錯覺的組合，形成「我」的觀念。我們是色嗎？我們是受嗎？我們是想嗎？我們是行嗎？我們是識嗎？色、受、想、行、識都不是「我」，這些都是現象。剛才講涅槃妙心、實相無相，五蘊怎麼會是「我」呢？所以打坐的時候不是在打五蘊的坐，「我」不是在五蘊裡，不是在色、受、想、行、識裡一直作用、一直循環、一直在這裡面產生打坐的錯覺。

　　坐禪要離相，要見相非相。我們的身體，六根、六塵、六識，都不是自己。打坐的時候，心念在哪裡？是不是在六根、六塵、六識裡面轉？我們的打坐都在這些裡面嗎？這是不對的修法，在五蘊上用功，在六根、六塵、六識上用功，叫做「如夢幻泡影，如露亦如電」。打坐的時候，有身見嗎？有六塵的感覺嗎？有六識的分別嗎？根、塵、識都叫做有為法，如夢幻泡影，要見相非

相，離一切相才是佛。

在四十九天的打坐中，我們必須了然知道在做什麼、心在哪裡，如果還是在身見上，在根上、塵上、識上，那就是法門不對。我們所見的，就是無眼界，也就是眼睛所觸到的一切都是空；心念所觸到的地方，即是「本來無一物，何處惹塵埃」，要這樣去了解自己用功的思惟跟方向。「本來無一物」，就是離相，本來的心性，涅槃妙心、實相無相，本來如此。打坐是在涅槃妙心、實相無相，這個本來面目裡。打坐有煩惱、有障礙，都是叫做著相生心，就沒有在觀照裡。

我們的法門叫做聽寂靜，聽什麼呢？寂靜、無聲，聽隻手之聲。聽寂靜，就是觀照，也就是讓我們從無聲無相、從沒有裡面去聽、去觀照，從這裡去離相，從這個地方離語言文字，聽清楚、看明白，聆聽寂靜，無聲之聲。

我們在四十九天中淨念相續，相續不斷地聆聽寂靜。從一切的聲音、現象「入流亡所，所入既寂」，所有的聲音、現象，通通寂靜了，一切都靜下來。「動靜二相，了然不生」，我們再繼續聆聽，動靜二相，都寂靜了、了然不生；繼續聽下去，「如是漸增，聞所聞盡，盡聞不住」，聽，無所住地聽，因為沒有，所以沒有所住；聽到「覺所覺空，空覺極圓」，聽到能覺與所覺也空掉了；然後聽也沒有了，「空所空滅，生滅既滅，寂滅現前」，最後聽到空的感覺也沒有了，不生不滅的涅槃就會現前。

靈鷲山全山僧眾課程
以佛陀教法增長智慧

　　秉持心道法師「傳承諸佛法、利益一切眾」的理念，及「學院寺院化、寺院學院化」的學風特色，靈鷲山三乘佛學院以「解行合一，福慧雙修」為宗旨，開設各類佛門課程，包括師資培訓、專題課程及教育活動，落實解行並重的修行、兼具福慧資糧的學習體系。

　　二〇一五年靈鷲山正式開展四期教育第一期「阿含期」課程，佛學院特別針對全臺講堂開設的四期教育阿含初階《初轉法輪經》與《無我相經》，進行師資培訓，就課程教材、各章教案進行研討問答及教學演練；另外也邀請華梵大學佛教學院佛教學系特聘教授熊琬老師接續二〇一四年「止觀的修行理論與方法」課

↑僧眾精進學習南傳教法。

程，從阿毗達摩的理論與實踐認識奢摩他、四禪與三昧；以及認識九住心，學習心在不同禪修階段產生的不同狀態。

　　除此之外，佛學院也禮請緬甸仰光全國上座部國立巴利大學校長鳩摩羅尊者（Ashin Bhaddanta Kumara）及教務主任Ashin Therasabha法師，於靈鷲山為僧眾進行南傳教法學習，講授「南傳僧伽律儀概論」與「攝阿毗達摩義論」。課程圓滿當日，心道法師特別前往聆聽弟子的學習成果報告，並叮囑僧眾：「身為出家人就要有正確的因果生活、正確的思想及正確的實踐。涅槃解脫是出家人嚮往的目標，如果沒有達到這個目標，此生的修行便會有遺憾。現在大家找到了正確的方法與步驟，就要繼續朝這個方向不浪費時間地繼續努力。以精進作為供養，就是對佛陀最好的感恩。」

阿含期課程正式啟動
從戒定慧找回自己

↑心道法師於開課前親臨講堂，鼓勵學員學習阿含以培養健康的人生。

二〇一五年，靈鷲山正式啟動四期教育第一期「阿含期」的課程，僧俗二眾一同信受佛陀所說之法並切實奉行，承擔心道法師法教，以廣大的慈悲與愛心傳承佛法、利益眾生，以願力承續落實四期教育的推展。

四月三十日靈鷲山慧命成長學院首先於新北市分院開設「阿含期初階」四期教育總論課程，禮請靈鷲山首座了意法師授課；五月二十一日逢大智文殊師利菩薩聖誕，阿含期初階課程《初轉法輪經》於全臺各講堂正式展開，近千名學員熱烈參與，在佛法僧三寶的殊勝加持中，展開靈鷲人的快樂大學習；水陸法會圓滿後，《無我相經》課程接續開課，學員更加精進修學，開啟大智慧、成就佛道。

阿含期是以「人格養成」的生活教育為主，因此，阿含期初階課程的目的是鞏固大眾學佛的方向與目標，建立良好的軌則與生活，從學習緣起性空開始，回到無我相的世界。課程以佛陀親自體證、引領大眾走向解脫之道的「八正道」為開端，讓學員認識「苦、集、滅、道」的生命現象，了知造成輪迴痛

↑ 經由法師的教導，領受佛陀圓滿的法教。

苦不息的原因，以及如何走向解脫的道路。並且，學習如何攝心，觀照生活中的人事物變化與現象，了解因果道理，懂得持戒禪定，進而成熟完整的人格修養。

　　心道法師曾說：「四期教育是讓大家親自體證佛陀的圓滿法教，透過學習四期教育，便如同讀了三藏十二部經，是進入佛智慧的方便法門，眾生在成佛之路上能夠獲得正知、正念與正行，走一條長遠的成佛之道的終身教育。因此學習四期教育不只是一生一世，而是生生世世的生命大學習。」

雲水禪修
讓心回家

靈鷲山每年定期於無生道場舉辦雲水禪修，讓大眾拋卻生活的俗務，在山海雲嵐中體驗禪的輕安喜樂。

靈鷲山的雲水禪修——平安禪閉關，包括禪一、禪三及禪七。禪一內容包括七支坐法、平安禪四步驟、行禪、基本佛門行儀；禪三及禪七閉關再加入養生功法、聆鼓禪修、獨參、佛法課程……等。二〇一五年為了配合僧伽春、冬安居四十九日，除了定期舉辦的雲水禪之外，也特別於春季與冬季分別主辦與協辦信眾禪關二十一日，活動內容除了平安禪之外，另外加入了八關齋戒及心道法師親自帶領習禪。

雲水禪修最大的特色即為結合心道法師閉關修行時的「斷食」經驗，在禪修過程中以有機蔬菜汁取代三餐，讓身心靈無論內外皆能得到輕安自在。心道法師分享開示：「斷食對禪修是非常好的方法。當我們的欲望很多、想法很多，禪修就不是那麼地如意。斷食，就是把妄念減半，禪修時能夠較容易調伏自己；而平安禪的四個步驟，就是把心找回自己的家，當我們的心回到家的時候，會很有安全感，因為家是一個很真誠的地方。」

↓因為禪修，才能放下所有想法，探索靈性的存在。

弘揚佛法　護持靈鷲山
人間觀音願力行持

↑ 把心凝聚在一起，發大願力成就佛法事業。

　　二〇一五年是靈鷲山護法會成立二十五週年，多年來護法會在心道法師的帶領下，護持靈鷲山的各項弘法志業，包括世界宗教博物館、水陸法會、禪修推廣、寧靜運動、大悲閉關等。展望未來，護法會也將繼續持守上師的修行理念與悲心，不間斷地為弘法利生、廣度大眾而努力。

　　靈鷲山護法總會承續「人間觀音」的願力行，在今年規劃了一系列的課程，讓護法團隊更加擁有承擔的願力及組織運作的智慧。在各項活動精心的設計下，充實了以法結緣的能力，以及確立應有的角色認知及思索團隊的意義。在服務會員時，秉持靈鷲山委員的特質，以正面、積極、樂觀、愛心、毅力、謙卑、承擔、負責的觀音種性，以一己之力積極服務，集眾人之力無私奉獻。此外，今年首度開設「專項志工」課程，包括「捏布課程」及「活動串場主持」，除了落實封山安居的傳承計畫之外，也培訓護法志工在協助各區會舉辦法會及活動時，更能有所助益。

　　護法會成員的責任深重，不但要親身力行推展佛法教育、引領眾生心靈修持，靈鷲山的多項弘法志業，也都需要成員的大力護持，才能讓佛法常住世

間，打造和平淨土。心道法師開示：「讓大家有機會接觸佛法，讓佛法能傳承下去，更多人因此解脫煩惱、身心自在，這就是在過有意義的生活。我們弘法時，一切外緣都是老師，行菩薩道要謙卑、要耐煩，眾生不懂佛法，我們懂，所以接引他們入佛道時愈要耐煩。」心道法師也提醒大家不要忘了精進功課：「念經不是念給佛聽，而是佛說法給我們聽，讓我們得到啟示，智慧開悟，也得到好的磁場，所以要懷著恭敬的心，聽佛說法。」

● 二〇一五年護法會培訓課程活動時間表

日期	課程名稱
01/31~02/01	全國授證委員精進營
02/28	幹部春季成長營
03/14~03/15	儲委精進營
05/23~05/24	幹部夏季成長營暨新科委員授證大會
06/05~06/07	東南亞宗風營
09/05~09/06	儲委精進營
09/12~09/13	幹部秋季成長營
10/24~10/25	幹部冬季成長營

● 二〇一五年護法專項志工培訓活動時間表

日期	課程名稱
03/11	活動串場主持（北場，臺北講堂）
03/18	活動串場主持（北場，臺北講堂）
03/21	捏布課程第一堂課（南場，臺南分院）
03/25	活動串場主持（北場，臺北講堂）
03/28	捏布課程第一堂課（桃園場，桃園講堂）
03/29	捏布課程第一堂課（北場，新北市分院）
04/01	活動串場主持（北場，臺北講堂）
04/18	捏布課程第二堂課（南場，臺南分院）
06/27	捏布課程第二堂課（桃園場，桃園講堂）
06/28	捏布課程第二堂課（北場，新北市分院）
11/29	活動串場主持（南場，臺南分院）
12/06	活動串場主持（南場，臺南分院）

慧命成長學院課程
心靈療癒　福慧雙修

靈鷲山慧命成長學院秉持心道法師「續佛慧命」的教育職志，以「社區大學」模式常年開辦各類佛學及世學課程；二〇一五年為了因應資訊爆炸時代，特別開設一系列心靈療癒課程，讓學員藉由找回內心的平靜來安定、療癒自己，面對生活中的種種挑戰。

↑透過自製手工皂，除了認識天然素材，也可提升孩子肢體的靈活度。

佛學類課程開設「經典開門·智慧列車」系列，選擇大眾較為熟悉的《地藏菩薩本願經》、《金剛般若波羅蜜經》、《慈悲三昧水懺》等經典，除了教授經典義理之外，更結合心道法師修行的法語故事，讓學員了解該部經典的意義、內涵且於生活中落實行持，藉由聞、思、修樹立正知正見，歡喜學佛，開展福慧雙修的人生。

世學類課程開設有「立體閱讀讀書會」、「悉達多密碼」、「中國美學品」、「香·藥·茶道學」……等。心靈療癒課程則開設了「頌缽淨化療癒體驗」、「手工皂教學養成課」、「山海SPA」、「佛塔擦擦」、「無上大瑜珈」……等。而特別為親子開設的「親一夏·親子共學」與「親一下·親到你心」親子共學課程，有「親子泡泡手工皂」、「心靈藝術彩繪」及各種不同的體驗學習課程，不僅達到親子的互動與成長，也讓親子「心靈對話、心零距離」。

心道法師曾說：「將生活當作覺醒的地方，將團體當作成長的助緣，把身邊的每一個人都當作是我們的善緣。」佛度有緣人，大眾一同在慧命成長學院學習成長，在願力的菩提路上結伴而行，並以願力轉動善念的種子，行善修慧、廣植福田。

靈鷲山慈善救援紀實
生命服務生命　生命奉獻生命

人類科技文明的發展，雖然帶來生活的便利與品質的提升，但是人的無限欲望及消費，讓地球的資源逐漸枯竭，也使得全球氣候產生劇烈的變遷，災禍頻傳。馬來西亞、緬甸的水患，尼泊爾的地震，以及臺灣蘇迪勒風災等，令人怵目驚心，感嘆生命的脆弱與無常。

↑ 靈鷲山醫療團與尼泊爾教學醫院合作人道救援，並捐贈藥品衛材支援醫療服務。

面對這些災禍，靈鷲山秉持觀音菩薩聞聲救苦的精神，在獲知災難訊息時，馬上發動全球信眾持誦〈大悲咒〉，迴向地球平安，祈願災民皆能度過苦難，也積極籌募物資援助災民；此外，靈鷲山慈善基金會並與臺灣健康服務協會（Taiwan Health Corps）合作組織醫療團，前往尼泊爾及緬甸等地協助醫療服務。

↑ 靈鷲山緬甸禪修中心法成就寺為醫療團整備藥品的後勤基地。

愛心沒有國界、慈悲沒有距離，心道法師曾開示：「人家的災難就是我們的災難，必須積極地去關心、愛護，讓關心與愛護解決現下的苦；能幫助他們多少，就盡心盡力去做。每時每刻，都要用無盡的生命來奉獻眾生，讓眾生離苦得樂，這樣的人生才有意義。」

● 二〇一五年靈鷲山慈善救援一覽表

發生月份	災害名稱	採取措施	承辦單位
01	馬來西亞東海岸水患	1.〈大悲咒〉迴向 2.募集賑災物資	靈鷲山吉隆坡中心
04-05 11	尼泊爾震災	1.〈大悲咒〉迴向 2.組織醫療團前往救護 3.致贈醫療藥品予Manmohan紀念醫學院 4.十一月再次前往進行災民診療服務與醫護經驗交流，並與Joy Foundation Nepal簽訂合作備忘錄	靈鷲山慈善基金會與臺灣健康服務協會合作
07-08	緬甸水患	1.〈大悲咒〉迴向 2.募集賑災物資 3.與臺灣健康服務協會、緬甸Noble Compassionate Volunteer Group(NCV)合作，組織醫療團前往救護 4.致贈醫療藥品予靈鷲山緬甸國際禪修中心法成就寺，為往後醫療救護使用	靈鷲山緬甸國際禪修中心法成就寺、靈鷲山慈善基金會、臺灣健康服務協會、緬甸仰光大學英語系師生、緬甸Noble Compassionate Volunteer Group(NCV)
08	臺灣蘇迪勒風災	1.〈大悲咒〉迴向 2.募集賑災物資	靈鷲山慈善基金會

年表
2015

日期	活動摘要
01~12	靈鷲山慧命成長學院分別與全臺講堂於週六、日舉辦「平安一日禪修」。
01/01	新北市市長朱立倫暨新北市府團隊,於二〇一五年元旦上午親臨靈鷲山無生道場供燈祝禱,為國家社稷拈香祈福。
01/01	靈鷲山基隆講堂舉辦「朝禮靈鷲聖山活動」。
01/01~01/29	靈鷲山臺東中心每隔週四舉辦「百萬大悲咒共修」。
01/02~01/04	馬來西亞爆發三十年來最嚴重水災,靈鷲山吉隆坡中心發動賑災行動,前往災區賑濟災民。
01/03	靈鷲山慈善基金會與靈鷲山基隆講堂聯合於水園會館舉辦「普仁獎頒獎典禮」。
01/03	世界宗教博物館舉辦「重彩流金六百年——壁畫 故事 法海寺」特展教育活動:「解構之鑰——綜觀世界宗教壁畫」。
01/03	靈鷲山臺北講堂舉辦「百萬大悲咒共修」。
01/03~01/31	靈鷲山新營共修處每週六舉辦「百萬大悲咒共修」。
01/04	靈鷲山嘉義中心舉辦「抄寫心經暨百萬大悲咒共修」。
01/04	靈鷲山蘭陽講堂舉辦「百萬大悲咒共修」。
01/10	世界宗教博物館舉辦「彩虹女巫說故事——《誰在廁所裡?》」。
01/10	靈鷲山桃園講堂、中壢中心、新竹共修處與高屏講堂分別舉辦「百萬大悲咒共修」。
01/10	靈鷲山蘭陽講堂舉辦「朝禮靈鷲聖山活動」。
01/11	二〇一五年靈鷲山水陸法會先修第二場法會「孔雀明王迎新大吉祥——孔雀明王經暨蒙山施食法會」於無生道場啟建。
01/11	靈鷲山慈善基金會與靈鷲山臺南分院聯合於香格里拉臺南遠東國際大飯店舉辦「大臺南區第十二屆普仁獎頒獎典禮暨感恩餐會」。
01/11	靈鷲山慈善基金會與靈鷲山嘉義中心聯合於九華山地藏庵舉辦「普仁獎頒獎典禮」。
01/11	世界宗教博物館舉辦「重彩流金六百年——壁畫 故事 法海寺」特展教育活動:「遊戲之鑰——巧手‧法海寺」。
01/11	靈鷲山臺南分院、基隆講堂與臺中講堂分別舉辦「百萬大悲咒共修」。
01/17~01/18	靈鷲山無生道場舉辦「禪法工培訓營」。
01/17	靈鷲山基隆講堂舉辦「朝禮靈鷲聖山活動」。
01/17	靈鷲山臺北講堂啟建「慈悲三昧水懺法會」。
01/18	靈鷲山慧命成長學院於世界宗教博物館華嚴書院舉辦「大師揮毫暨創意春聯DIY茶會」。
01/18	靈鷲山慈善基金會與靈鷲山新北市分院聯合於三重區厚德國小舉辦「新北普仁獎頒獎典禮」。
01/18	靈鷲山慈善基金會與靈鷲山高屏講堂聯合於新興區信義國小舉辦「高屏普仁獎頒獎典禮」。
01/18	靈鷲山臺南分院與樹林中心分別舉辦「百萬大悲咒共修」。

壹

月

壹 月	01/18	靈鷲山臺中講堂啟建「慈悲三昧水懺法會」。
	01/22	世界宗教博物館舉辦「二千三百萬人的幸福學堂」，邀請新北市雙溪區牡丹國小師生來館參觀。
	01/23~01/27	「第十五屆青年佛門探索營」於無生道場舉行。
	01/24	靈鷲山護法總會於靈鷲山聖山寺舉辦「護法會全國委員聯誼」。
	01/24	世界宗教博物館舉辦「彩虹女巫說故事——《愛作夢的巴比》」。
	01/24~01/25	靈鷲山臺南分院舉辦「朝禮靈鷲聖山活動」。
	01/24	靈鷲山新莊中港中心舉辦「百萬大悲咒共修」。
	01/25	臘八節（一月二十七日）前夕，靈鷲山於聖山寺舉辦「靈鷲山臘八粥‧送鄉里迎平安」活動，發放臘八粥與地方結緣。
	01/25	靈鷲山慈善基金會於新北市雙溪區雙溪國小舉辦「關懷老人聯誼活動」。
	01/25	世界宗教博物館舉辦「重彩流金六百年——壁畫 故事 法海寺」特展教育活動：「遊戲之鑰——尋寶法海寺」。
	01/25	靈鷲山慈善基金會分別與靈鷲山臺北講堂、靈鷲山新竹共修處聯合舉辦「普仁獎頒獎典禮」。
	01/25	靈鷲山紐約講堂啟建「慈悲三昧水懺法會」。
	01/26	靈鷲山慈善基金會於連江縣政府舉辦「連江縣第二屆普仁獎頒獎典禮」。
	01/28	靈鷲山慈善基金會與靈鷲山花蓮共修處聯合於國立教育廣播電臺花蓮分臺舉辦「第十二屆靈鷲山普仁獎花蓮區頒獎典禮」。
	01/29~02/01	靈鷲山慧命成長學院於無生道場舉辦「心寧靜教師團進階研習營」。
	01/31	靈鷲山無生道場舉辦「雲水禪志工聯誼」。
	01/31~02/01	靈鷲山護法總會分別於新北市分院與臺南分院舉辦「二〇一五年靈鷲山全國授證委員精進營」。
	01/31	靈鷲山慧命成長學院於無生道場舉辦「全球心寧靜教師團」正式成立大會，於中小學校園推動心寧靜運動。
	01/31	靈鷲山慈善基金會與靈鷲山桃園講堂聯合舉辦「普仁獎頒獎典禮」。
	01/31	世界宗教博物館舉辦「重彩流金六百年——壁畫 故事 法海寺」特展教育活動：「重塑之鑰——工筆佛畫」。
	01/31	靈鷲山高屏講堂舉辦「百萬心經奉觀音抄經活動」。
貳 月	02	《靈鷲山2014弘法紀要》出版。
	02/01	靈鷲山慈善基金會與靈鷲山臺東中心聯合於社會福利館舉辦「普仁獎頒獎典禮」。
	02/01	世界宗教博物館舉辦「重彩流金六百年——壁畫 故事 法海寺」特展教育活動：「重塑之鑰——工筆佛畫」。
	02/01	靈鷲山蘭陽講堂舉辦「百萬大悲咒共修」。
	02/04	復興航空墜基隆河空難，靈鷲山呼籲社會大眾一同為空難受難者祈福祝禱。

	02/05	靈鷲山佛教教團於香港大公報主辦的「同發菩提心，共築中國夢——中國佛教三大語系攜手祈福香港和諧大典暨二〇一四最具影響力中華寺院公薦盛典」活動中，獲「二〇一四最具影響力中華寺院」之「最具發展影響力寺院」殊榮。
	02/05	靈鷲山中壢中心舉辦「百萬心經奉觀音抄心經活動」。
	02/05	靈鷲山臺東中心舉辦「百萬大悲咒共修」。
	02/07~03/29	靈鷲山慧命成長學院分別於慧命教室與基隆講堂開設「頌缽淨化療癒體驗」課程。
	02/07	世界宗教博物館舉辦「重彩流金六百年——壁畫 故事 法海寺」特展教育活動：「重塑之鑰——工筆佛畫」。
	02/07	靈鷲山臺北講堂舉辦「百萬大悲咒共修」。
	02/07~02/14	靈鷲山新營共修處每週六舉辦「百萬大悲咒共修」。
	02/07	靈鷲山蘭陽講堂舉辦「朝禮靈鷲聖山暨禪修活動」。
	02/08	靈鷲山慈善基金會與靈鷲山蘭陽講堂聯合舉辦「普仁獎頒獎典禮」。
	02/08	世界宗教博物館舉辦「重彩流金六百年——壁畫 故事 法海寺」特展教育活動：「重塑之鑰——壁畫吉祥剪」。
貳	02/08~02/15	靈鷲山臺南分院每週日舉辦「百萬大悲咒共修」。
	02/08	靈鷲山基隆講堂舉辦「百萬大悲咒共修」。
	02/08	靈鷲山臺中講堂啟建「慈悲三昧水懺法會」。
月	02/09	中國佛教會、靈鷲山佛教教團等佛教團體與新北市政府聯合於三重區綜合體育館啟建「復興航空GE235空難消災祈福暨超薦大法會」。
	02/11	中華民國宗教與和平協進會(Taiwan Conference on Religion and Peace ,TCRP)與梵蒂岡宗座宗教交談委員會(Pontifical Council for Interreligious Dialogue ,PCID)副秘書長Indunil神父等一行參訪世界宗教博物館。
	02/14	心道法師獲國防部頒贈「陸海空軍甲種二等獎章」，感謝心道法師於二〇一四年協助國防部並親赴緬北密支那迎回遠征軍英靈入祀忠烈祠。
	02/14	世界宗教博物館舉辦「彩虹女巫說故事——《年獸來了》」。
	02/14	靈鷲山基隆講堂舉辦「朝禮靈鷲聖山活動」。
	02/14	靈鷲山中壢中心與高屏講堂分別舉辦「百萬大悲咒共修」。
	02/15	世界宗教博物館舉辦「重彩流金六百年——壁畫 故事 法海寺」特展教育活動：「重塑之鑰——工筆佛畫」。
	02/18	靈鷲山高屏講堂舉辦「除夕插頭香、拜願暨普門品共修」等新春活動。
	02/19~02/25	新春期間，靈鷲山上院無生道場與下院聖山寺分別舉辦「舊換新、擱添金」、共修財神法會、新春團拜迎財神等活動，邀請大眾前來禮佛、點燈、接富貴，祈求一整年運勢平安順遂。
	02/19	靈鷲山基隆講堂舉辦「朝禮靈鷲聖山活動」。
	02/19	靈鷲山嘉義中心啟建「大悲寰宇暨新春財神法會」。

貳月	02/22	世界宗教博物館舉辦「重彩流金六百年——壁畫 故事 法海寺」特展教育活動:「遊戲之鑰——巧手‧法海寺」。
	02/22	靈鷲山臺中講堂舉辦「百萬大悲咒共修」。
	02/24	靈鷲山於無生道場舉辦「職工新春團拜」。
	02/24~02/28	靈鷲山桃園講堂啟建「新春梁皇法會」。
	02/25	靈鷲山慧命成長學院開設「共同製作結緣品——一〇八佛塔擦擦初胚課程」,邀請大眾一同累積成佛資糧。
	02/26	靈鷲山臺南分院舉辦「新春祈福——百萬大悲咒共修暨拜天公活動」。
	02/26	靈鷲山蘭陽講堂啟建「孔雀明王經暨蒙山施食法會」。
	02/27	靈鷲山無生道場啟建「供佛齋天祈福法會」。
	02/28	世界宗教博物館舉辦「彩虹女巫說故事——《一隻不聽話的筆》」。
	02/28	靈鷲山新北市分院、新莊中港中心與新營共修處分別舉辦「百萬大悲咒共修」。
	02/28~03/01	靈鷲山高屏講堂舉辦「會員迎新暨春季朝山活動」。
參月	03~05	靈鷲山慧命成長學院分別與全臺講堂於每週二、四、五舉辦「平安禪修」。
	03	世界宗教博物館禮聘現任中華民國博物館學會副理事長陳國寧教授擔任第三任館長。
	03/01	二〇一五年靈鷲山水陸法會先修第三場法會「大悲觀音度亡暨圓滿施食法會」於無生道場啟建,心道法師親臨主法。
	03/03	與心道法師有多年交誼的天主教王榮和神父與狄剛總主教一同前來靈鷲山與心道法師拜年。
	03/04	靈鷲山三乘佛學院舉辦開學典禮。
	03/05	世界宗教博物館、愛與和平地球家(GFLP)與各宗教團體聯合舉辦「二〇一五世界宗教新春祈福會」;會後並舉行「以愛轉化:聖典的教誨」微座談,由心道法師與一貫道、天主教、伊斯蘭等三位宗教代表,分享宗教在面對各種衝突時,如何轉化負面能量。
	03/05~03/19	靈鷲山臺東中心每隔週四舉辦「百萬大悲咒共修」。
	03/06	靈鷲山嘉義中心舉辦「百萬大悲咒共修」。
	03/07	「靈鷲山第五屆全國普仁獎頒獎典禮」於集思交通部國際會議中心舉行。
	03/07~03/08	靈鷲山國際青年團於國立臺灣科學教育館與世界宗教博物館舉辦「普仁fun心營」,邀請「靈鷲山第五屆全國普仁獎」得主及親友參加。
	03/07	靈鷲山臺南分院舉辦「抄經暨百萬大悲咒戶外共修」。
	03/07	靈鷲山臺北講堂舉辦「百萬大悲咒共修」。
	03/07~03/28	靈鷲山新營共修處每週六舉辦「百萬大悲咒共修」。
	03/08~04/25	靈鷲山無生道場舉辦僧眾春安居四十九日,坐禪觀心。
	03/08~03/15	靈鷲山臺南分院每週日舉辦「百萬大悲咒共修」。

	03/08	靈鷲山基隆講堂舉辦「百萬大悲咒共修」。
	03/08	靈鷲山臺中講堂啟建「慈悲三昧水懺法會」。
	03/08	靈鷲山嘉義中心舉辦「抄心經暨百萬大悲咒共修」。
	03/08	靈鷲山蘭陽講堂舉辦「百萬大悲咒共修」。
	03/11~05/13	靈鷲山慧命成長學院開設「悉達多密碼課程（上）」，邀請郭祐孟老師授課。
	03/11	二十一世紀羅勒夫基金會(21st Century Wilberforce Initiative)總裁Randel Everett與對華援助協會(CHINA aid)創辦人兼會長傅希秋牧師等一行參訪世界宗教博物館。
	03/14~03/15	靈鷲山護法總會舉辦「儲委精進營」。
	03/14	靈鷲山慧命成長學院開設「頌缽淨化種子培訓班」。
	03/14	世界宗教博物館舉辦「彩虹女巫說故事——《獅子要藏在哪裡？》」。
	03/14	靈鷲山基隆講堂舉辦「朝禮靈鷲聖山活動」。
	03/14	靈鷲山桃園講堂、中壢中心、新竹共修處與高屏講堂分別舉辦「百萬大悲咒共修」。
參	03/14	靈鷲山蘭陽講堂舉辦「朝禮靈鷲聖山暨禪修活動」。
	03/15	靈鷲山樹林中心舉辦「百萬大悲咒共修」。
	03/19~06/25	靈鷲山慧命成長學院每隔週四開設「立體閱讀讀書會」課程，邀請陳順榮等多位老師授課。
	03/20	海地共和國外交部部長布迪士(S.E.M. Pierre-Duly Brutus)一行，由世界宗教博物館新任館長陳國寧女士陪同參觀宗博館。宗博館將於三月底舉辦「神靈之光——海地與巫毒信仰」特展。
月	03/21~12/12	靈鷲山慧命成長學院舉辦四梯次「心寧靜——做情緒的主人」單日研習。
	03/21	靈鷲山臺北講堂啟建「慈悲三昧水懺法會」。
	03/22	靈鷲山基隆講堂於中正區正濱國小舉辦「清明懷恩大法會暨敬老關懷祈福活動」。
	03/22	靈鷲山臺北講堂新與莊中港中心分別舉辦「朝禮靈鷲聖山活動」。
	03/22	靈鷲山臺中講堂舉辦「百萬大悲咒共修」。
	03/25~04/30	靈鷲山出版中心舉辦「書香繞境 認識佛陀——二〇一五世界閱讀日線上書展」。
	03/25	靈鷲山基隆講堂啟建「慈悲三昧水懺法會」。
	03/28	世界宗教博物館舉辦「彩虹女巫說故事——《農場的瘋狂事件》」。
	03/28	靈鷲山新北市分院與新莊中港中心分別舉辦「百萬大悲咒共修」。
	03/28	靈鷲山臺北講堂舉辦「美好人生講座」，以音樂品味、心靈修持、美好文化等三個面向，透過對自我身心靈的覺知，發現美好的人生。
	03/29	靈鷲山聖山寺啟建「春季祭典」。
	03/31	世界宗教博物館舉辦「神靈之光——海地與巫毒信仰」特展開幕活動暨記者會，海地駐臺大使庫珀（Rachel Coupaud）、海地大學副校長Rachel Beauvoir-Dominique、文化部洪孟啟部長等貴賓出席開幕活動。本次展出五百多件海地空運來臺的珍貴宗教文物，這是臺灣首度完整介紹海地巫毒教內涵與文化的特展。

	04	《有緣人》月刊改版，以雜誌型態發行。
	04/01~06/14	世界宗教博物館舉辦「神靈之光──海地與巫毒信仰」特展。
	04/02~04/16	靈鷲山臺東中心每隔週日舉辦「百萬大悲咒共修」。
	04/03	靈鷲山嘉義中心舉辦「百萬大悲咒共修」。
	04/04~04/25	配合僧伽安居四十九日，靈鷲山無生道場舉辦「雲水禪信眾禪關二十一日」。
	04/04	世界宗教博物館舉辦「兒童節活動──怪獸抱抱」。
	04/04~04/25	靈鷲山新營共修處每週六舉辦「百萬大悲咒共修」。
	04/08	英國前紅衣主教H. E. Peter Cardinal Davis參訪世界宗教博物館。
	04/08	香港中文大學劉天祿老師帶領小學校長團前來世界宗教博物館交流。
	04/08	靈鷲山基隆講堂舉辦「朝禮靈鷲聖山活動」。
肆	04/11	靈鷲山慧命成長學院開設「手工皂養成班精華班課程」。
	04/11	世界宗教博物館舉辦「彩虹女巫說故事──《魚樹》」。
	04/11	靈鷲山臺北講堂、桃園講堂、中壢中心、新竹共修處與高屏講堂分別舉辦「百萬大悲咒共修」。
	04/11	靈鷲山蘭陽講堂舉辦「朝禮靈聖山活動」。
	04/12	世界宗教博物館舉辦「海地與巫毒信仰」特展教育活動：「玩藝術Part I巫毒娃娃」。
月	04/12	世界宗教博物館舉辦「海地與巫毒教信仰」特展藝文教師研習。
	04/12	世界宗教博物館舉辦「校園代表新春茶會」。
	04/12~12/20	世界宗教博物館附設文化生活館每隔週日舉辦「二〇一五年健康課程」，邀請涂承恩老師帶領大眾認識身體的作業系統。
	04/12~04/19	靈鷲山臺南分院每週日舉辦「百萬大悲咒共修」。
	04/12	靈鷲山基隆講堂與蘭陽講堂分別舉辦「百萬大悲咒共修」。
	04/12	靈鷲山臺中講堂啟建「慈悲三昧水懺法會」。
	04/12	靈鷲山高屏講堂一行拜會來臺弘法的竹巴噶舉派傳承持有者第十二世嘉旺竹巴法王，代表靈鷲山致贈時輪金剛聖物予法王珍藏。
	04/13	靈鷲山「開山大師兄」長老尼法性法師捨報。
	04/18	靈鷲山基隆講堂與新莊中港中心分別舉辦「朝禮靈鷲聖山活動」。
	04/18	靈鷲山樹林中心舉辦「百萬大悲咒共修」。
	04/19	靈鷲山「開山大師兄」長老尼法性法師頭七，靈鷲山無生道場啟建「地藏法會暨三大士焰口」。
	04/19	世界宗教博物館舉辦「生命教育教學資源教師研習」。

肆月	04/19	靈鷲山樹林中心舉辦「朝禮靈鷲聖山活動」。
	04/23	靈鷲山慧命成長學院開設「手工皂教學養成課入門課程」。
	04/24	韓國放送公社（KBS）、韓國東亞日報與韓國海印寺覺山法師分別拜訪心道法師。
	04/24	中國法門寺博物館館長韓金科偕同上海靜安寺監院亞蘊法師參訪世界宗教博物館。
	04/25	尼泊爾爆發八級以上大地震，適逢靈鷲山春安居四十九禪關圓滿日，心道法師特別呼籲全球弟子以持誦〈大悲咒〉安定地球平安。
	04/25	靈鷲山「開山大師兄」長老尼法性法師讚頌追思會於靈鷲山下院聖山寺舉行。
	04/25~04/26	靈鷲山慧命成長學院開設「頌缽淨化療癒體驗課程」。
	04/25	世界宗教博物館舉辦「彩虹女巫說故事——《大嘴巴的長耳兔》」。
	04/25	靈鷲山新北市分院與新莊中港中心分別舉辦「百萬大悲咒共修」。
	04/25	靈鷲山紐約講堂與Fetzer Institute合作，舉辦「愛與寬恕——藝術的呼喚」創作比賽，經評選後於四月二十五日舉行頒獎典禮暨公開展覽。
	04/26	靈鷲山受邀參與由新北市政府主辦的「第五屆泰國藤球友誼賽暨潑水節」活動，於新北市政府市民廣場設立富貴金佛壇城，為泰籍移工及新住民帶來富貴與平安。
	04/26~09/12	靈鷲山慧命成長學院四月二十六日、六月二十七日、九月十二日分別於無生道場舉辦三梯次「山海SPA《慢活篇》」。
	04/26	世界宗教博物館舉辦「海地與巫毒信仰」特展教育活動：「玩藝術Part II拼貼旗幟」。
	04/26	靈鷲山新莊中港中心啟建「慈悲三昧水懺法會」。
	04/28	中國北京博物館學會考察團一行參訪世界宗教博物館。
	04/29~05/03	靈鷲山臺南分院啟建「護國梁皇寶懺大法會暨瑜伽施食焰口」。
	04/30	靈鷲山慧命成長學院於新北市分院開設「阿含期初階」四期教育總論課程，禮請靈鷲山首座了意法師授課。
伍月	05/01~05/03	靈鷲山臺北講堂啟建「開光祈福法會」，恭請心道法師主持「觀音百供祈福法會」。
	05/01	靈鷲山嘉義中心舉辦「百萬大悲咒共修」。
	05/02	「二○一五福隆國際沙雕藝術季」的十位沙雕師，於開幕典禮結束後參訪靈鷲山無生道場。
	05/02	靈鷲山寂光寺啟建「地藏法會暨瑜伽焰口」。
	05/02	靈鷲山基隆講堂啟建「慈悲三昧水懺法會」。
	05/02~05/30	靈鷲山新營共修處每週六舉辦「百萬大悲咒共修」。
	05/02~05/03	靈鷲山慧命成長學院舉辦「心寧靜教師團師資培訓」。
	05/03~05/14	尼泊爾震災，靈鷲山慈善基金會與臺灣健康服務協會合作，組織專業醫療團隊前往尼國進行醫療救護。
	05/03	二○一五年水陸空大法會第四場先修法會「孔雀明王經暨蒙山施食法會」於無生道場啟建。

05/03	靈鷲山國際青年團於世界宗教博物館舉辦「二〇一五靈鷲山國際青年團與國際扶輪交換學生宗教體驗營」。	
05/03	世界宗教博物館舉辦「海地與巫毒信仰」特展教育活動:「食海地 Part I 海地的餐桌——飲食文化介紹」。	
05/03	靈鷲山臺中講堂啟建「水懺暨浴佛法會」。	
05/03	靈鷲山嘉義中心舉辦「百萬大悲咒共修」。	
05/04	緬甸全國上座部中緬南傳佛教協會一行,為靈鷲山下院聖山寺裝修中的善法樓灑淨;隨後前往上院無生道場拜會心道法師。	
05/04	靈鷲山慈善基金會尼泊爾醫療團一行十九人抵達加德滿都,隨即與 UN/WHO 協調處、中國靈山基金會、靈鷲山密勒日巴禪修中心、尼泊爾民間組織 Joy Foundation Nepal,以及嘉措竹巴法王基金會等單位舉行救援會議。	
05/05~06/09	靈鷲山慧命成長學院開設「找到香巴拉:擦擦、唐卡、大禮拜」課程。	
05/06	中國福建廈門市副市長一行參訪世界宗教博物館。	
05/07	靈鷲山慈善基金會尼泊爾醫療團隊於 Manmohan 醫學院舉行藥品捐贈儀式,共捐出二十四箱、約兩萬美金的藥品衛材。	
05/07	靈鷲山慧命成長學院開設「手工皂教學養成課初階課程」。	
05/07	靈鷲山臺東中心舉辦「百萬大悲咒共修」。	
05/09	世界宗教博物館舉辦「彩虹女巫說故事——《永遠愛你》」。	
05/09	靈鷲山桃園講堂啟建「百萬大悲咒共修暨水懺法會」。	
05/09	靈鷲山中壢中心與新竹共修處分別舉辦「百萬大悲咒共修」。	
05/09	靈鷲山高屏講堂舉辦「百萬大悲咒共修暨戶外踏青之旅」。	
05/09	靈鷲山蘭陽講堂舉辦「朝禮靈鷲聖山活動」。	
05/10	世界宗教博物館舉辦「海地與巫毒信仰」特展教育活動:「玩節奏」。	
05/10~05/17	靈鷲山臺南分院每週日舉辦「百萬大悲咒共修」。	
05/10	靈鷲山基隆講堂舉辦「百萬大悲咒共修」、「慶祝母親節及浴佛節活動」。	
05/13	中國雲南海外聯誼會會長黃毅一行前來靈鷲山無生道場拜訪心道法師。	
05/13~05/17	靈鷲山高屏講堂啟建「梁皇寶懺暨三大士焰口法會」。	
05/15~05/17	靈鷲山樹林中心啟建「華嚴懺暨三大士瑜伽焰口法會」。	
05/15~05/17	靈鷲山蘭陽講堂舉辦「萬佛燈會」。	
05/16	靈鷲山慧命成長學院加開「手工皂教學養成課精華課程」。	
05/16~05/17	518 國際博物館日,世界宗教博物館推出常設展、兒童館門票八折優惠,禮品店九折優惠等多項慶祝活動。	

伍

月

伍月	05/16	靈鷲山基隆講堂舉辦「朝禮靈鷲聖山活動」。
	05/16	靈鷲山臺北講堂啟建「慈悲三昧水懺法會」。
	05/16	靈鷲山蘭陽講堂舉辦「百萬大悲咒共修」。
	05/17	靈鷲山慧命成長學院開設「手工皂教學養成課進階課程」。
	05/17	海地共和國樞機主教朗格羅（Chibly Cardinal Langlois）偕海地聖母大學校長皮耶總主教（Archbishop Pierre-Andre Pierre）等貴賓，在海地大使庫珀（Rachel Coupaud）陪同下參訪世界宗教博物館。
	05/17	世界宗教博物館舉辦「海地與巫毒信仰」特展教育活動：「食海地Part II海地到餐桌：談公平貿易與傳統貿易的差異」。
	05/17	靈鷲山新北市分院與新竹共修處分別啟建「慈悲三昧水懺法會」。
	05/17	靈鷲山臺中講堂舉辦戶外「百萬大悲咒共修暨一日禪修」。
	05/17	靈鷲山嘉義中心於嘉義市農會啟建「慈悲三昧水懺暨浴佛法會」。
	05/21~07/23	靈鷲山慧命成長學院於全臺講堂開設「四期教育——阿含期初階課程《初轉法輪經》」。
	05/23~05/24	靈鷲山護法總會舉辦「護法會幹部夏季成長營暨新科委員授證大會」。
	05/23	靈鷲山慧命成長學院開設「手工皂養成班」。
	05/23	世界宗教博物館舉辦「海地與巫毒信仰」特展教育活動：「趣市集」。
	05/23	世界宗教博物館舉辦「彩虹女巫說故事——《倒楣的猴子》」。
	05/23	靈鷲山新北市分院與新莊中港中心分別舉辦「百萬大悲咒共修」。
	05/23	靈鷲山柔佛中心舉辦「浴佛節活動」。
	05/24	靈鷲山紐約講堂啟建「慈悲三昧水懺法會」。
	05/25~05/30	靈鷲山高屏講堂舉辦「浴佛節活動」。
	05/27~06/30	靈鷲山出版中心舉辦「二〇一五鵬程萬里畢業季線上祝福禮物展」。
	05/30~06/21	靈鷲山無生道場連續第四年啟建「大悲閉關21法會」，今年特別禮請緬甸仰光全國上座部國立巴利大學校長鳩摩羅尊者（Ashin Bhaddanta Kumara）為閉關精進眾親講佛法，精進閉關者並於閉關圓滿日受心道法師「千手千眼觀音傳承灌頂傳法」。
	05/30	靈鷲山中壢中心啟建「慈悲三昧水懺法會」。
	05/31	世界宗教博物館舉辦「海地與巫毒信仰」特展教育活動：「讀電影《鼓動人生》海地紀錄片放映」。
	05/31	靈鷲山新莊中港中心舉辦「普仁獎圓夢助學園遊會」。
	05/31	靈鷲山樹林中心舉辦「百萬大悲咒共修」。
陸月	06/01~06/25	靈鷲山三乘佛學院禮請緬甸仰光全國上座部國立巴利大學校長鳩摩羅尊者（Ashin Bhaddanta Kumara）與教務主任開設南傳專題課程「攝阿毗達摩義論」。
	06/01	靈鷲山花蓮共修處舉辦「十五佛供暨百萬大悲咒共修」。

	06/05~06/07	靈鷲山護法總會於馬來西亞吉隆坡舉辦「東南亞宗風營」。
	06/05	靈鷲山嘉義中心舉辦「百萬大悲咒共修」。
	06/06	靈鷲山基隆講堂與桃園講堂分別啟建「慈悲三昧水懺法會」。
	06/06	靈鷲山新竹共修處舉辦「百萬大悲咒共修」。
	06/06~06/07	靈鷲山嘉義中心舉辦「朝山暨百萬大悲咒共修」。
	06/06~06/27	靈鷲山新營共修處舉辦「百萬大悲咒共修」。
	06/07	靈鷲山新北市分院與臺中講堂分別啟建「慈悲三昧水懺法會」。
	06/09	心道法師前往靈鷲山馬來西亞檳城國際禪修中心主持「開光暨觀音百供法會」。
	06/10	靈鷲山無生道場華藏海大殿一樓發生祝融之災,心道法師感謝各界關心,並呼籲靈鷲山僧俗四眾以平常心面對無常考驗,未來靈鷲山大殿將度化更多有緣人、普利群生。
陸	06/13	心道法師前往靈鷲山泰國國際禪修中心主持「開光暨觀音百供法會」。
	06/13	靈鷲山國際青年團於基隆講堂開設「頌缽療癒體驗課程」。
	06/13	世界宗教博物館舉辦「彩虹女巫說故事——《愛花的牛》」。
月	06/13~06/20	靈鷲山新營共修處每週六舉辦「百萬大悲咒共修」。
	06/13~06/14	靈鷲山高屏講堂舉辦「百萬大悲咒回山共修」。
	06/14~06/21	靈鷲山臺南分院每週日舉辦「百萬大悲咒共修」。
	06/14	靈鷲山基隆講堂、樹林中心與蘭陽講堂分別舉辦「百萬大悲咒共修」。
	06/14	靈鷲山新莊中港中心啟建「慈悲三昧水懺法會」。
	06/20~06/21	靈鷲山高屏講堂舉辦「三十二週年慶回山朝山」。
	06/21	靈鷲山三十二週年慶,於下院聖山寺舉行「大悲閉關21圓滿迴向暨開山三十二週年活動」,以「精進朝山菩薩行」、「普門品共修暨佛前大供」、「宗風表揚大悲行者」、「千手千眼觀音傳承灌頂傳法」等四大活動為主軸。
	06/21~06/22	靈鷲山新莊中港中心舉辦「朝禮靈鷲聖山活動」。
	06/22	二〇一五年靈鷲山第一場水陸齋僧法會於下院聖山寺啟建,特別禮請緬甸仰光全國上座部國立巴利大學校長鳩摩羅尊者(Ashin Bhaddanta Kumara)念誦一部《護衛經》為大眾祈福,並開示齋僧的功德利益。
	06/26~06/28	靈鷲山無生道場舉辦「雲水禪三」。
	06/27	靈鷲山邀請全民持誦《觀世音菩薩普門品》,迴向給八仙樂園粉塵爆炸事件受傷者,祈願早日康復。
	06/27~11/29	世界宗教博物館舉辦「線身說法——宗教與線條」特展。
	06/27	世界宗教博物館舉辦「彩虹女巫說故事——《大野狼,肚子餓》」。
	06/27	靈鷲山新北市分院與新莊中港中心分別舉辦「百萬大悲咒共修」。

陸月	06/27	靈鷲山臺南分院舉辦「親子營」。
	06/27	靈鷲山基隆講堂舉辦「朝禮靈鷲聖山活動」。
	06/27	靈鷲山臺北講堂啟建「慈悲三昧水懺法會」。
	06/28	靈鷲山臺北講堂舉辦「朝禮靈鷲聖山活動」。
	06/28	靈鷲山樹林中心、新營共修處與蘭陽講堂分別啟建「慈悲三昧水懺法會」。
	06/30	靈鷲山花蓮共修處舉辦「十五佛供暨百萬大悲咒共修」。
柒月	07/01~07/03	靈鷲山香港大悲咒共修團成立，心道法師特別前往勉勵。此前由大悲咒共修會發起人旭日集團總裁楊釗居士舉行「大悲咒共修法會」，僧俗四眾共持誦87638遍〈大悲咒〉。
	07/03~07/05	靈鷲山慧命成長學院於中國北京沈學仁藝術館舉辦第一屆「覺醒之道——心靈探索營」。
	07/04~07/05	靈鷲山慧命成長學院於無生道場舉辦「山海SPA《樂活篇》」。
	07/04	靈鷲山基隆講堂與吉隆坡中心分別啟建「慈悲三昧水懺法會」。
	07/04	靈鷲山臺北講堂舉辦「百萬大悲咒共修」。
	07/04~07/25	靈鷲山新營共修處每週六舉辦「百萬大悲咒共修」。
	07/05	靈鷲山二〇一五年第五場水陸先修「大悲觀音度亡法會」於下院聖山寺觀音殿啟建。
	07/05	世界宗教博物館舉辦「原始信仰智慧與生命教育工作坊」。
	07/05	靈鷲山臺中講堂與花蓮共修處分別啟建「慈悲三昧水懺法會」。
	07/06	廈門市佛教文化交流團一行在南普陀寺方丈則悟法師帶領下，來山參訪並拜會心道法師，彼此就兩岸佛教互動、慈善事業推廣及弘法利生等交換意見。
	07/07~07/08	靈鷲山慧命成長學院於無生道場舉辦第十期「心寧靜——情緒管理教學」志工培訓。
	07/08~07/09	靈鷲山國際青年團於臺南分院舉辦「兒童快樂學佛營幹部訓練」。
	07/09~07/11	靈鷲山慧命成長學院於無生道場舉辦第十期「心寧靜——情緒管理教學」教師研習營。
	07/10~07/12	靈鷲山國際青年團與靈鷲山臺南分院分別舉辦「二〇一五靈鷲山兒童快樂學佛營」。
	07/10	靈鷲山嘉義中心舉辦「百萬大悲咒共修」。
	07/11	世界宗教博物館舉辦「線身說法——宗教與線條」特展教育活動：「線條——伊斯蘭文字藝術」。
	07/11	世界宗教博物館舉辦「彩虹女巫說故事——《黑象與白象》」。
	07/11	靈鷲山臺北講堂舉辦「水陸法會與觀音信仰講座」，禮請首座了意法師主講。
	07/11	靈鷲山桃園講堂舉辦「慈悲三昧水懺法會暨百萬大悲咒共修」。
	07/11	靈鷲山中壢中心舉辦「百萬大悲咒共修」。
	07/11	靈鷲山蘭陽講堂舉辦「朝禮靈鷲聖山活動」。

163

	07/12	世界宗教博物館舉辦「線身說法——宗教與線條」特展教育活動:「禪繞藝術——基礎體驗課程」。
	07/12	靈鷲山新北市分院與中壢中心分別啟建「慈悲三昧水懺法會」。
	07/12	靈鷲山臺南分院、基隆講堂、樹林中心、蘭陽講堂與臺東中心分別舉辦「百萬大悲咒共修」。
	07/12	靈鷲山高屏講堂舉辦水陸系列講座「福氣的人生」。
	07/12	靈鷲山紐約講堂啟建「中元普度地藏瑜伽焰口大法會」。
	07/13	第二場「水陸齋僧法會」於無生道場啟建。
	07/14	中國廈門觀音寺住持定恒法師偕同廈門市政協副主席盧士鋼等廈門參訪團一行,來山拜會心道法師。
	07/15~08/01	靈鷲山慧命成長學院每週三至週六開設夏日親子互動學習課程「夏日避暑・親一夏」。
	07/15~07/16	靈鷲山國際青年團於馬來西亞丹絨蘇特拉度假村舉辦「第三屆國際哈佛青年營幹部訓練(大馬區)」。
	07/16~07/30	靈鷲山臺東中心每隔週四舉辦「百萬大悲咒共修」。
	07/17~07/19	靈鷲山無生道場舉辦「雲水禪三」。
柒	07/17~07/19	靈鷲山國際青年團於馬來西亞丹絨蘇特拉度假村舉辦「第三屆國際哈佛青年營(大馬區)」。
	07/18	世界宗教博物館舉辦「線身說法——宗教與線條」特展教育活動:「談線條之直線曲線與重複」。
	07/18	靈鷲山基隆講堂舉辦「朝禮靈鷲聖山活動」。
	07/18	靈鷲山臺北講堂啟建「慈悲三昧水懺法會」。
月	07/18~07/19	靈鷲山高屏講堂舉辦「朝禮靈鷲聖山活動」。
	07/19	靈鷲山新北市分院舉辦「快樂親子禪」。
	07/19	靈鷲山臺南分院啟建「慈悲三昧水懺法會」。
	07/19	靈鷲山臺北講堂舉辦「最福氣的普度——歡喜打水陸」講座。
	07/21~07/28	靈鷲山慧命成長學院每週二開設「找到香巴拉——心靈的藝術(唐卡繪畫)」課程。
	07/22	靈鷲山慧命成長學院獲佛光山永和學舍致贈星雲大師最新著作《貧僧有話要說》及《回響》各六十冊,作為讀書會教材。
	07/23	中國四川重慶市大足石刻文化訪問團參觀世界宗教博物館。
	07/24~07/31	靈鷲山嘉義中心每週五舉辦「百萬大悲咒共修」。
	07/25	世界宗教博物館舉辦「彩虹女巫說故事——《小熊的小船》」。
	07/25	靈鷲山新北市分院與新莊中港中心分別舉辦「百萬大悲咒共修」。
	07/26	緬甸連日大雨成災,靈鷲山啟動「緬甸水災賑災專案計畫」,募集物資及籌組醫療團前往水患區提供救護支援。
	07/26	靈鷲山新北市分院舉辦水陸聯誼,邀請靈鷲山護法總會副總會長暨願力委員聯誼會召集人呂碧雪師姐分享水陸法會的功德力。

柒月	07/26	靈鷲山新莊中港中心舉辦「朝禮靈鷲聖山活動」。
	07/26	靈鷲山吉隆坡中心啟建「慈悲三昧水懺法會」。
	07/27	靈鷲山邀請新北市政府消防局消防專家，至無生道場宣導防火與講解避難逃生課程，以加強火災逃生知識及消防技能。
	07/29~07/30	靈鷲山國際青年團於靈鷲山蘭陽講堂舉辦「第三屆國際哈佛青年營幹部訓練（臺灣區）」。
	07/30	靈鷲山臺東中心舉辦「百萬大悲咒共修」。
	07/31	靈鷲山受邀參與於高雄市中正技擊館舉辦的「高雄石化氣爆週年全民消災祈福吉祥大會」，高屏區護法會執事法師及護法信眾代表出席，與高雄市政府、大高雄佛教會等一同為氣爆受難者及家屬祈福。
	07/31	靈鷲山慧命成長學院舉辦「慧命有緣人七月聯誼會——心靈淨化與法供養」。
	07/31~08/02	靈鷲山國際青年團於靈鷲山蘭陽講堂舉辦「第三屆國際哈佛青年營（臺灣區）」。
捌月	08/01	世界宗教博物館舉辦「彩虹女巫說故事——跟著線條走・闖關大挑戰」。
	08/01	靈鷲山臺北講堂舉辦「百萬大悲咒共修」。
	08/01~08/29	靈鷲山新營共修處每週六舉辦「百萬大悲咒共修」。
	08/01~08/02	靈鷲山高屏講堂舉辦「寧靜一下——親子共學成長營」。
	08/02	靈鷲山樹林中心與蘭陽講堂分別舉辦「百萬大悲咒共修」。
	08/04	靈鷲山臺北講堂舉辦「百萬大悲咒共修」。
	08/05	靈鷲山無生道場於「二〇一五新北市績優宗教團體興辦公益慈善及社會教化表揚大會」中獲頒「社會教化獎」。
	08/08	世界宗教博物館舉辦「彩虹女巫說故事——《森林大奇案》」。
	08/08	靈鷲山桃園講堂、中壢中心、新竹共修處與高屏講堂分別舉辦「百萬大悲咒共修」。
	08/08	靈鷲山蘭陽講堂舉辦「朝禮靈鷲聖山活動」。
	08/09	世界宗教博物館舉辦「線身說法——宗教與線條」特展教育活動：「玩線之美——創意吸鐵」。
	08/09~08/16	靈鷲山臺南分院每隔週日舉辦「百萬大悲咒共修」。
	08/09	靈鷲山基隆講堂舉辦「百萬大悲咒共修」。
	08/10~08/16	靈鷲山無生道場舉辦「雲水禪七」。
	08/12	靈鷲山第二十二屆水陸空大法會行前記者會於桃園市政府舉辦。
	08/12	靈鷲山於二〇一五年貢寮區模範父親表揚大會中，致贈心道法師墨寶「恩澤如日」予模範父親。
	08/12~08/21	靈鷲山慈善基金會與臺灣健康服務協會合作，組織專業醫療團隊「緬甸洪災醫療團」前往緬甸水災重災區，提供義務醫療服務、協助救護災民。
	08/13~08/27	靈鷲山臺東中心每隔週四舉辦「百萬大悲咒共修」。

	08/15	靈鷲山慈善基金會籌募賑濟物資予受蘇迪勒颱風重創的新北市烏來區居民。
捌月	08/15	世界宗教博物館舉辦「夏日親子小旅行——跟著線條去旅行」。
	08/15	世界宗教博物館與臺灣圖書館合作舉辦「彩虹女巫說故事」活動。
	08/15	靈鷲山基隆講堂舉辦「朝禮靈鷲聖山活動」。
	08/16~08/17	世界宗教博物館舉辦「塔羅的奇幻旅程——占卜工作坊」。
	08/18	靈鷲山第二十二屆水陸空大法會啟建前，特別舉辦消防講習說明會，以提升法會現場公共安全知識與生命財產安全。
	08/19~08/26	靈鷲山第二十二屆水陸空大法會於桃園巨蛋體育館啟建。期間禮請緬甸仰光全國上座部國立巴利大學校長鳩摩羅尊者（Ashin Bhaddanta Kumara）為參與信眾正授八關齋戒及主法第三場水陸齋僧法會；舉辦二十五梯次水陸法會朝聖導覽；致贈感謝狀予在地警察單位，感謝維護法會秩序，讓法會佛事圓滿順利；舉行愛心賽普，將愛心物資捐贈給桃園地區慈善團體及中低收入戶。
	08/22	世界宗教博物館舉辦「彩虹女巫說故事——《神奇的毛線》」。
	08/22	靈鷲山新莊中港中心舉辦「百萬大悲咒共修」。
	08/23	靈鷲山第二十二屆水陸空大法會期間，靈鷲山榮譽董事聯誼會於桃園巨蛋體育館舉辦「榮董與師聯誼」。
	08/23	世界宗教博物館舉辦「線身說法——宗教與線條」特展教育活動：「刺繡藝術——在布上作畫」。
	08/24	靈鷲山第二十二屆水陸空大法會期間，享譽全球的靈性大師古儒吉（Guruji, Sri Sri Ravi Shankar）前來拜訪心道法師。
	08/28	世界宗教博物館舉辦「北市國小暑假教師生命教育專業成長營」。
	08/28	新北市文化局專案執行人員及地方文化館評審委員一行前來世界宗教博物館訪視。
	08/28	靈鷲山嘉義中心舉辦「百萬大悲咒暨經典共修」。
	08/28	靈鷲山花蓮共修處舉辦「百萬大悲咒共修暨佛供」。
	08/29	靈鷲山基隆講堂舉辦「中元祭」。
玖月	09/02~09/30	靈鷲山花蓮共修處每週三舉辦「百萬大悲咒共修」。
	09/03	靈鷲山僧信四眾於多羅觀音旁造立五輪佛塔今裝臟開光，以感念開山大師兄法性比丘尼，心道法師命為「法性比丘尼紀念佛塔」。
	09/03~09/17	靈鷲山臺東中心每隔週四舉辦「百萬大悲咒共修」。
	09/04	心道法師受邀出席由中國宗教界和平委員會與中國佛教協會聯合於北京龍泉寺舉辦的「海峽兩岸暨港澳佛教界紀念中國人民抗日戰爭暨世界反法西斯戰爭勝利七十週年祈禱世界和平法會」。
	09/04	心道法師於應邀出席北京龍泉寺「祈禱世界和平法會」期間，適逢剃度恩師佛光山星雲大師八十九歲壽誕，恭祝大師聖壽。
	09/05~12/05	靈鷲山慧命成長學院開設「親一下・親到你心」課程。

	09/05~09/06	靈鷲山護法總會舉辦「儲委精進營」。
	09/05	世界宗教博物館聯同靈鷲山新北市分院,與當地鄰近社區連續第十四年舉辦「慶讚中元普度法會」。
	09/05	靈鷲山臺北講堂與樹林中心分別舉辦「百萬大悲咒共修」。
	09/06	靈鷲山西區護法會於桃園市八德區大安活動中心舉辦「慈心悲願・快樂人生」講座。
	09/06	靈鷲山臺南分院與蘭陽講堂分別舉辦「百萬大悲咒共修」。
	09/10~12/17	靈鷲山慧命成長學院每隔週四開設「立體閱讀讀書會課程」,邀請陳順榮老師授課。
	09/11	靈鷲山佛教基金會與世界宗教博物館基金會於內政部舉辦之「二〇一五年宗教團體表揚大會」中,分獲「績優宗教團體獎」。
	09/11	靈鷲山三乘佛學院一〇四學年度開學典禮。
	09/11~09/18	靈鷲山嘉義中心每週五舉辦「百萬大悲咒共修」。
	09/12	首位中國籍葛萊美音樂獎得主的央金拉姆,偕同夫婿及對禪修有興趣的朋友等一行,前來靈鷲山拜會心道法師。
玖	09/12~09/13	靈鷲山護法總會舉辦「護法會幹部秋季成長營」。
	09/12	世界宗教博物館舉辦「彩虹女巫說故事——《睡吧!像老虎一樣》」。
	09/12	靈鷲山桃園講堂、中壢中心與高屏講堂分別舉辦「百萬大悲咒共修」。
	09/13~11/01	世界宗教博物館舉辦「線身說法——宗教與線條」特展教育活動:「自由現身——小市集」。
月	09/13	靈鷲山臺南分院與臺中講堂分別啟建「慈悲三昧水懺法會」。
	09/13	靈鷲山基隆講堂舉辦「百萬大悲咒共修」。
	09/15~12/22	靈鷲山慧命成長學院開設二〇一五年慧命成長學院課程——品味生活系列「香・藥・茶道學」。
	09/15	世界宗教博物館舉辦「二千三百萬人的幸福學堂」,邀請臺中市東勢區石城國小師生及家長來館參觀。
	09/16~11/04	靈鷲山花蓮共修處於每週三開設「《靈鷲山外山》課程」。
	09/18~09/20	靈鷲山無生道場舉辦「雲水禪三」。
	09/19~11/14	靈鷲山慧命成長學院開設二〇一五年慧命成長學院課程——「經典開門・智慧列車」,教授《地藏菩薩本願經》、《慈悲三昧水懺》、《金剛般若波羅蜜經》。
	09/19	世界宗教博物館舉辦「線身說法——宗教與線條」特展教育活動:「無所不在——小客廳:印地安傳說捕夢網」。
	09/19	靈鷲山基隆講堂舉辦「朝禮靈鷲聖山活動」。
	09/20~11/21	世界宗教博物館舉辦「線身說法——宗教與線條」特展教育活動:「隨心所欲——小展演」。
	09/20	靈鷲山新北市分院、臺東中心與蘭陽講堂分別啟建「慈悲三昧水懺法會」。
	09/20	靈鷲山臺南分院邀請大臺南區三十一位歷屆普仁獎得獎者及其家長,於臺南分院進行禪修與佛法心靈體驗。

玖月	09/20	靈鷲山新莊中港中心舉辦「朝禮靈鷲聖山活動」。
	09/20	靈鷲山嘉義中心啟建「寶篋印陀羅尼經暨瑜伽焰口施食法會」。
	09/24~11/12	靈鷲山慧命成長學院於全臺講堂開設「四期教育——阿含期初階課程《無我相經》」。
	09/25~09/27	靈鷲山慧命成長學院於無生道場舉辦「山海SPA《享活篇》」。
	09/25~09/27	靈鷲山慧命成長學院於馬來西亞舉辦「四期教育《阿含期初階：初轉法輪經》營隊課程」。
	09/25~11/15	世界宗教博物館舉辦「愛與和平——書藝創作展」，邀請二十二位跨越四個世代的臺灣書畫家同為「愛與和平」寫下祝福篇章。
	09/26	心道法師受邀出席中國湖北武漢報恩禪寺「萬佛寶塔落成灑淨開光大典」。
	09/26	世界宗教博物館舉辦「彩虹女巫說故事——《請問一下，踩得到底嗎？》」。
	09/26	靈鷲山新北市分院與新莊中港中心分別舉辦「百萬大悲咒共修」。
	09/26	靈鷲山臺北講堂舉辦「百萬心經奉觀音抄心經活動」。
	09/27	靈鷲山紐約講堂啟建「慈悲三昧水懺法會」。
拾月	10/01~10/29	靈鷲山臺東中心每隔週四舉辦「百萬大悲咒共修」。
	10/02~11/20	靈鷲山慧命成長學院開設「二〇一五年慧命成長學院課程——心靈淨化系列」。
	10/02~10/04	靈鷲山慧命成長學院於苗栗巧克力雲莊為靈鷲山榮譽董事會成員舉辦「〈阿含初階〉營隊」。
	10/03	世界宗教博物館舉辦「線身說法——宗教與線條」特展教育活動：「無所不在——小客廳：伊斯蘭書法藝術」。
	10/03	靈鷲山基隆講堂啟建「慈悲三昧水懺法會」。
	10/03	靈鷲山臺北講堂與新竹共修處分別舉辦「百萬大悲咒共修」。
	10/04	心道法師親臨主法「聖山寺二〇一五秋季祭典暨大悲觀音更密無上圓滿施食法會」。
	10/04	靈鷲山桃園講堂舉辦「朝禮靈鷲聖山活動」。
	10/04	靈鷲山臺中講堂啟建「慈悲三昧水懺法會」。
	10/05~10/11	靈鷲山無生道場舉辦「雲水禪七」。
	10/09~10/11	靈鷲山慧命成長學院於紐約講堂舉辦「阿含初階營隊」。
	10/10	世界宗教博物館舉辦「二千三百萬人的幸福學堂」，邀請臺中市太平區東汴國小師生來館參觀。
	10/10	世界宗教博物館舉辦「彩虹女巫說故事——《蝙蝠外交官》」。
	10/10	靈鷲山臺南分院與蘭陽講堂分別舉辦「朝禮靈鷲聖山活動」。
	10/10	靈鷲山桃園隆講堂與高屏隆講堂分別舉辦「百萬大悲咒共修」。
	10/11	靈鷲山臺南分院、基隆講堂與蘭陽講堂分別舉辦「百萬大悲咒共修」。

	10/11	靈鷲山臺北講堂舉辦「朝禮靈鷲聖山活動」。
	10/11	靈鷲山新莊中港中心啟建「慈悲三昧水懺法會」。
	10/11	靈鷲山中壢中心舉辦「慈心悲願　幸福人生」講座。
	10/13	北京首都博物館參訪團參訪世界宗教博物館。
	10/15~10/19	心道法師受邀參加於美國猶他州鹽湖城舉辦之第六屆世界宗教大會，除了於開幕式中作為九位宗教代表之一代表念誦祝禱文之外，並於大會中帶領晨間禪修及舉辦回佛對談。
	10/17	靈鷲山受邀出席由鳳凰網於廈門會展中心舉辦的「二○一五守望悲心——兩岸佛教慈善公益形象主題活動」，介紹靈鷲山慈善基金會的各項慈善救援行動。
	10/17~10/18	靈鷲山國際青年團舉辦「青年幹部培訓營」。
	10/17	靈鷲山慧命成長學院於臺南分院舉辦「心寧靜·做情緒的主人」教師研習。
	10/17	世界宗教博物館舉辦「愛與和平——書藝創作展」特展教育活動：「愛的百分百進行式——愛的行動藝術」。
	10/17~10/18	靈鷲山新北市分院舉辦「生命關懷精進營」。
	10/17	靈鷲山基隆講堂舉辦「朝禮靈鷲聖山活動」。
拾	10/17	靈鷲山臺北講堂舉辦「美好人生講座·秋收篇」，邀請生活禪學力行者陳松根師兄及養身太極實踐者官貴中老師，從佛學、禪學、養身學等角度探索生命的本質。
	10/18	二○一六年水陸第一場先修「大悲觀音祈福暨瑜伽焰口法會」於新北市三重綜合體育場啟建。
月	10/18	世界宗教博物館舉辦「線身說法——宗教與線條」特展教育活動：「無所不在——小客廳：泰雅族頭帶編織」。
	10/18	靈鷲山臺中講堂舉辦「百萬大悲咒共修」。
	10/18	靈鷲山高屏講堂啟建「慈悲三昧水懺法會」。
	10/19	心道法師壽誕，靈鷲山無生道場啟建「賀壽千燈供佛長壽法會」，並募集《華嚴經·普賢行願品》共3138部，齊心祝願心道法師法體康泰、長久住世傳承法脈。
	10/19~10/22	尼泊爾Manmohan醫院院長Ram偕同夫人拜訪靈鷲山慈善基金會與參觀無生道場及世界宗教博物館，感謝靈鷲山於二○一五年四月尼泊爾強震時給予的協助。
	10/19	中華民國博物館學會、國際博物館學委員會亞太分會主辦，世界宗教博物館、國立臺灣藝術大學合辦的「博物館與文化國際學術研討會」，於世界宗教博物館舉行。
	10/21~12/16	靈鷲山慧命成長學院開設二○一五年慧命成長學院課程——佛教藝術專題「中國美學品·四大菩薩名山巡禮」。
	10/22	心道法師受美國聯邦中東和平組織(United States Federation for Middle East Peace, USFMEP)主席Sally kader邀請，於美國紐約聯合國總部與紐約伊斯蘭文化中心學者Imam Shamsi Ali進行回佛對談。
	10/22~12/13	世界宗教博物館與臺中市政府文化局合作，於臺中市立葫蘆墩文化中心舉辦「國際染織交流展」；期間並舉辦「國際染織交流研討會」。
	10/23~10/30	靈鷲山嘉義中心每週五舉辦「百萬大悲咒共修」。
	10/24	第四屆世界佛教論壇於中國江蘇無錫舉辦，心道法師特別致賀電表示支持，並派代表參與論壇開幕式。

拾 月	10/24~10/25	靈鷲山護法總會於新竹縣北埔麻布山林舉辦「冬季成長營」。
	10/24	世界宗教博物館舉辦「愛與和平——書藝創作展」特展教育活動:「毛毛魔法筆——親子的創意書法課」。
	10/24	世界宗教博物館舉辦「彩虹女巫說故事——《找回真愛》」。
	10/24	靈鷲山新北市分院與新莊中港中心分別舉辦「百萬大悲咒共修」。
	10/24	心道法師於美國紐約喜來登酒店主法「千燈供佛大悲觀音祈福法會」,並親授觀音法門與皈依戒。
	10/25	靈鷲山慈善基金會舉辦「普仁獎家訪志工專任講師培訓課程」。
	10/25	靈鷲山吉隆坡中心於馬華大廈啟建「地藏經暨五大士瑜伽焰口大法會」。
	10/25	靈鷲山紐約講堂於美國紐約喜來登酒店舉辦「愛與和平義賣餐會」。
	10/27	心道法師前往中國浙江普陀山普濟寺,與普濟寺道慈方丈共同主持「毗盧觀音開光大典」。
	10/28~11/01	靈鷲山臺北講堂啟建「梁皇寶懺法會暨瑜伽焰口施食」。
	10/30	心道法師受邀參與由雲南省佛教協會主辦,於雲南圓通禪寺舉辦的「雲臺佛教界座談會」。
	10/30~11/07	靈鷲山慈善基金會與臺灣健康服務協會再次合作,前往尼泊爾進行災民診療服務與醫護經驗交流,並與當地慈善團體Joy Foundation Nepal簽訂合作備忘錄。
	10/31	「靈鷲山大悲咒共修團」於靈鷲山祖庭寂光寺的龍潭湖畔舉辦第一屆全臺大會師——「持誦大悲咒祈願地球平安」活動,以繞湖持咒共修五萬多遍〈大悲咒〉的功德力,迴向地球平安。
	10/31	靈鷲山國際青年團於新北市分院舉辦「第一屆國際青年團團員大會」。
	10/31	靈鷲山樹林中心與花蓮共修處分別舉辦「百萬大悲咒共修」。
	10/31~11/01	靈鷲山嘉義中心舉辦「朝禮靈鷲聖山活動」。
拾 壹 月	11/01	靈鷲山臺南分院與樹林中心分別啟建「慈悲三昧水懺法會」。
	11/01	靈鷲山臺中講堂與嘉義中心分別舉辦「朝禮靈鷲聖山活動」。
	11/01	靈鷲山蘭陽講堂舉辦「百萬大悲咒共修」。
	11/02	中國浙江舟山市岱山縣參訪團,在岱山縣副縣長朱永華帶領下,前來靈鷲山參訪。
	11/03~11/07	靈鷲山基隆講堂啟建「梁皇寶懺法會暨瑜伽焰口施食」。
	11/04~11/08	靈鷲山新北市分院啟建「梁皇寶懺法會暨瑜伽焰口施食」。
	11/05~11/19	靈鷲山臺東中心每隔週四舉辦「百萬大悲咒共修」。
	11/07	心道法師受邀參與由新北市政府與慈法禪寺於板橋體育場合辦的「第一屆新北市藥師佛文化節」。
	11/07	世界宗教博物館舉辦「線身說法——宗教與線條」特展教育活動:「無所不在——小客廳:現身說舞」。
	11/07	靈鷲山寂光寺啟建「地藏法會暨瑜伽焰口」。

	11/07	靈鷲山基隆講堂與臺北講堂分別舉辦「百萬大悲咒共修」。
	11/07	靈鷲山桃園講堂啟建「慈悲三昧水懺法會」。
	11/08	靈鷲山慧命成長學院舉辦「立冬、淨化、好修行」活動。
	11/08	世界宗教博物館十四週年館慶，舉辦「光明行——觸動心靈的覺知」開館慶祝活動。
	11/08	靈鷲山臺南分院舉辦「生命關懷精進營」。
	11/08	靈鷲山臺南分院、新竹共修處與臺中講堂分別啟建「慈悲三昧水懺法會」。
	11/08	靈鷲山基隆講堂舉辦「百萬大悲咒共修」。
	11/11	雲南省人民政府臺灣事務辦公室參訪團拜訪心道法師。
	11/11	心道法師受邀出席木雕大師康木祥於臺北101大樓舉辦的「同根生」原木木雕展開幕式。
	11/11	靈鷲山桃園講堂舉辦「普仁家訪志工培訓」。
	11/12	靈鷲山緬甸禪修中心法成就寺更名為「大善圓寺」。
拾壹月	11/13	法國首都巴黎遭遇法國有史以來最嚴重的恐怖攻擊，靈鷲山呼籲大眾持誦〈大悲咒〉，迴向給法國與其他國家恐怖攻擊事件傷亡者。
	11/13	靈鷲山臺中講堂與嘉義中心分別舉辦「百萬大悲咒共修」。
	11/13~11/14	靈鷲山柔佛中心舉辦第二屆兒童營之「佛在童年」。
	11/14~11/15	靈鷲山無生道場舉辦「導覽團培訓」。
	11/14	靈鷲山無生道場舉辦「雲水禪一」。
	11/14	世界宗教博物館舉辦「彩虹女巫說故事——《好無聊！》」。
	11/14	靈鷲山樹林中心、桃園講堂、新竹共修處與高屏講堂分別舉辦「百萬大悲咒共修」。
	11/15	靈鷲山臺南分院舉辦「百萬大悲咒共修」。
	11/16	心道法師受十方禪林方丈首愚法師邀請，參加於中國福建武夷山舉辦之「二〇一五中國大紅袍國際禪茶文化節」。
	11/16~2016/01/04	靈鷲山無生道場舉辦僧伽安居四十九日，分別舉辦研戒、華嚴共修法會與二十一日禪關。
	11/21	靈鷲山基隆講堂舉辦「朝禮靈鷲聖山活動」。
	11/21~11/22	靈鷲山高屏講堂舉辦「朝禮靈鷲聖山活動」。
	11/22	靈鷲山臺北講堂舉辦「水陸看世界」講座。
	11/22	靈鷲山樹林中心舉辦「朝禮靈鷲聖山活動」。
	11/22	靈鷲山臺中講堂舉辦「百萬大悲咒共修」。
	11/22	靈鷲山紐約講堂啟建「慈悲三昧水懺法會」。

拾壹月	11/25	不丹第四任國王御用法師仁認仁波切，在中華國際供佛齋僧功德會理事長陳佳源等人陪同下，來山拜會心道法師。
	11/28	中國十大唐卡大師洛桑龍達金剛上師與劍橋國際禮佛訪臺團來山拜會心道法師。
	11/28	世界宗教博物館舉辦「彩虹女巫說故事——《這是誰的？》」。
	11/28	靈鷲山新北市分院與新莊中港中心分別舉辦「百萬大悲咒共修」。
	11/28	靈鷲山臺北講堂與新莊中港中心分別舉辦「朝禮靈鷲聖山活動」。
拾貳月	12/01~2016/01/03	世界宗教博物館展出「寬容、理解、共存——阿曼伊斯蘭教展」，為全球巡展點之一。
	12/03~12/31	靈鷲山臺東中心每隔週四舉辦「百萬大悲咒共修」。
	12/04	中國十大唐卡畫師洛桑龍達金剛上師參訪世界宗教博物館。
	12/05~12/12	靈鷲山舉辦「第十四屆緬甸朝聖暨供萬僧法會」，心道法師帶領僧俗二眾朝禮仰光、浦甘等聖地及寺院、佛學院供養，包含三藏比丘孫倫烏達刺尊者等長老比丘皆來受供。
	12/05	靈鷲山臺北講堂舉辦「百萬大悲咒共修」。
	12/05	靈鷲山新莊中港中心歡喜小菩薩班舉辦「小菩薩回娘家活動」。
	12/06	靈鷲山響應新北市政府「幸福滿屋——實物銀行」活動，心道法師於靈鷲山下院聖山寺舉辦之「愛心贊普物資捐贈」儀式中，親自將物資捐贈予新北市政府。
	12/06	世界宗教博物館舉辦「世界宗教博物館當代宗教系列講座：猶太人生活面貌」。
	12/06	靈鷲山新莊中港中心與臺中講堂分別啟建「慈悲三昧水懺法會」。
	12/06	靈鷲山嘉義中心與蘭陽講堂分別舉辦「百萬大悲咒共修」。
	12/08	中國十大唐卡畫師洛桑龍達金剛上師，於世界宗教博物館舉行「唐卡藝術講座」。
	12/09	來臺參加「博物館聚落與文化景觀國際論壇講座」的講者，包括國際博物館協會二〇一六米蘭大會主席Dr. Alberto Garlandini、英國雪菲爾大學社會學系榮譽教授Dr. Maurice Roche、英國伯明罕大學鐵橋谷研究中心主任Professor Dr. Mike Robinson、英國鐵橋谷博物館信託基金會執行長Ms. Anna Brennand等人參訪世界宗教博物館。
	12/11~12/31	配合僧伽安居四十九日，靈鷲山舉辦「雲水禪信眾禪關二十一日」。
	12/11	靈鷲山嘉義中心舉辦「百萬大悲咒共修」。
	12/12	世界宗教博物館舉辦「彩虹女巫說故事——《不一樣的聖誕禮物》」。
	12/12	靈鷲山樹林中心、桃園講堂、中壢中心、新竹共修處與高屏講堂分別舉辦「百萬大悲咒共修」。
	12/13	二〇一六年水陸空大法會第二場先修法會「普賢行願品暨瑜伽焰口法會」於下院聖山寺金佛園區啟建。
	12/13	靈鷲山國際青年團舉辦「團員國際志工培訓課程」。
	12/13	靈鷲山臺南分院、基隆講堂與樹林中心分別舉辦「百萬大悲咒共修」。
	12/13	靈鷲山紐約道場啟建「慈悲三昧水懺法會」。

拾貳月	12/16~12/23	靈鷲山二〇一五年南傳短期出家暨九戒優婆塞、優婆夷修道會，於仰光大善園寺啟建，並於臘戌曼殊寺院圓滿剃度法儀，禮請仰光上座部巴利大學校長鳩摩羅尊者及心道法師等長老比丘尊證。
	12/18	靈鷲山慈善基金會於澎湖縣特教資源中心綜合館舉行「二〇一五澎湖普仁獎頒獎典禮」。
	12/19	世界宗教博物館舉辦「寬容、理解、共存——阿曼伊斯蘭教展」教育活動：「理解伊斯蘭講座」。
	12/19	靈鷲山基隆講堂舉辦「朝禮靈鷲聖山活動」。
	12/19	靈鷲山臺北講堂啟建「慈悲三昧水懺法會」。
	12/20	世界宗教博物館舉辦「寬容、理解、共存——阿曼伊斯蘭教展」教育活動：「寬容　理解——共存市集」。
	12/20	世界宗教博物館舉辦「彩虹女巫說故事——歲末歡樂加場」。
	12/20	靈鷲山樹林中心舉辦「朝禮靈鷲聖山活動」。
	12/20	靈鷲山臺中講堂舉辦「百萬大悲咒共修」。
	12/24~12/26	心道法師泰北弘法行，為泰北地區興建新校舍灑淨，並在孤軍最後落腳處的「唐窩」地區，為遠征軍建造「忠魂廟」，並計畫在未來成立相關基金會，進行醫療、慈善、急難救助、教育等計畫，造福地方。
	12/24	靈鷲山慧命成長學院舉辦「慧命有緣人——大悲皂共製」活動。
	12/26	靈鷲山慈善基金會與基隆講堂聯合於長榮桂冠酒店舉辦「第六屆基隆區普仁獎頒獎典禮」，共八十位同學獲獎。
	12/26	世界宗教博物館舉辦「彩虹女巫說故事——《森林裡最恐怖的是誰？》」。
	12/26	靈鷲山新北市分院與新莊中港中心分別舉辦「百萬大悲咒共修」。

國家圖書館出版品預行編目(CIP)資料

靈鷲山弘法紀要. 2015 / 釋法昂等編輯. -- 初版. --
新北市：靈鷲山般若出版, 2016.01

　　面；　公分

ISBN 978-986-6324-96-3(平裝)

1.佛教教化法 2.佛教說法

225.4　　　　　　　　　　　　　105000735

靈鷲山2015弘法紀要

總 策 劃　　釋了意
編　　審　　靈鷲山文獻中心及出版中心
編 輯 群　　釋法昂、陳坤煌、洪淑妍、梁真瑜、吳若昕
美　　編　　黃偉哲
影片剪輯　　靈鷲山文獻中心
圖片提供　　靈鷲山攝影組志工

發 行 人　　黃虹如
出版發行　　財團法人靈鷲山般若文教基金會附設出版社
劃撥帳戶　　財團法人靈鷲山般若文教基金會附設出版社
劃撥帳號　　18887793
地　　址　　23444新北市永和區保生路2號21樓
電　　話　　(02)2232-1008
傳　　真　　(02)2232-1010
網　　址　　www.093books.com.tw
讀者信箱　　books@ljm.org.tw

法律顧問　　永然聯合法律事務所
印　　刷　　皇城廣告印刷事業股份有限公司
初版一刷　　2016年01月
定　　價　　新臺幣550元
Ｉ Ｓ Ｂ Ｎ　　978-986-6324-96-3（平裝）

靈鷲山般若書坊